公務員の個人責任を追及する法

矢野輝雄 著

緑風出版

はじめに

公務員の個人責任を追及する法

　公務員の裏金作り、カラ出張、カラ接待、カラ雇用、カラ会議、官官接待という名の私的飲食などの公務員の犯罪行為が連日のように新聞・テレビなどで報道されていますが、公務員の犯罪は、「浜の真砂」と同様に無限に続き尽きぬものと思われます。

　こうした公務員の犯罪は、一人で行われる場合もありますが、複数の公務員や民間事業者が関与して行われるものも多いのです。例えば、典型的な裏金作りで、印刷物を50万円で発注したことにして50万円を裏金とする場合は、次のような内容虚偽の文書が多数作成されます。

　① 内容虚偽の印刷物の発注伺書が複数の公務員の押印により作成される
　② この裏金作りに協力する民間事業者が内容虚偽の納品書・請求書などを提出する
　③ 民間事業者の納品書・請求書など基づいて公金を支出するための公文書である会計書類が複数の公務員の押印により作成される

　公務員が裏金作りをする場合には、少なくとも①虚偽公文書作成罪（公務員が内容虚偽の公文書を作成する罪）、②虚偽公文書行使罪（公務員が内容虚偽の公文書を使う罪）が成立します。更に、自治体や国を騙した行為は詐欺罪に該当しますし、裏金を私的に使用した場合は業務上横領罪も成立します。

　公務員の個人責任を追及する法としては、告発が最も典型的な方法ですが、公務員の違法行為によって経済的ないし精神的損害を受けた場合は、

国家賠償請求訴訟が効果的な方法です。国家賠償請求訴訟では公務員個人を被告とすることはできませんが、その公務員の属する自治体または国を被告とする国家賠償請求訴訟の中で公務員個人の責任を追及して行きます。精神的損害の賠償金（慰謝料(いしゃりょう)）については日本の裁判所はほとんど認めませんので、損害賠償請求額（訴訟物の価額）を10万円として1000円の収入印紙を訴状に貼付して訴えを提起するのです。訴訟の仕方は自動車の運転を習う程度の時間でマスターできる簡単なものですが、自動車の運転と同様に実践を積み重ねると上手になります。実際には1回の訴訟を体験すると、以後は自信をもって進めることができます。告発は捜査機関の意思によっては成果の上がらない場合がありますが、国家賠償請求訴訟は、各人の意思で自由に行うことができますから、それなりの成果を期待することができます。国家賠償請求訴訟は、あくまでも行政監視の道具として用いるのです。訴訟の勝敗にこだわらず、正々堂々と主張し続けることが大切です。

　また、地方自治法に規定する住民訴訟の制度は、平成14年9月施行の改悪された制度では公務員個人を被告として損害賠償請求ができなくなりましたが、住民が勝訴した場合は最終的に公務員個人の責任を追及することができます。

　本書では、行政監視活動の一つとして、こうした公務員の犯罪行為やその他の違法行為についての責任を追及する方法を次の5章に分けて説明しました。

　　1章　公務員の刑事責任を追及することのできる場合
　　2章　公務員の刑事責任の追及の仕方
　　3章　公務員の民事責任を追及することのできる場合
　　4章　公務員の民事責任の追及の仕方
　　5章　その他の公務員の責任追及の手法

本書では、一応、地方公務員の場合を中心に説明しましたが、国家公務員の場合も同様になります。本書によって行政監視活動に大きな成果を挙げられるよう期待しています。

なお、本書では十分に触れることのできなかった行政監視活動については、本書の著者による『ひとりでできる行政監視マニュアル』(緑風出版)を参考にしていただければ幸いです。
　平成18年2月

著者

公務員の個人責任を追及する法／目次

第1章
公務員の刑事責任は、どんな場合に追及することができますか
11

- **Q 1** 公務員の裏金作りは、どんな犯罪になりますか……13
- **Q 2** 公務員のカラ会議、カラ出張、カラ雇用は、どんな犯罪になりますか……18
- **Q 3** 公務員が適法な許可申請を不許可にした場合は、どんな犯罪になりますか……24
- **Q 4** 公務員が住民の同意書を勝手に作った場合は、どんな犯罪になりますか……26
- **Q 5** 公務員が建設業者から商品券を貰った場合は、どんな犯罪になりますか……30
- **Q 6** 公務員が中止になった出張の旅費を返さない場合は、どんな犯罪になりますか……36
- **Q 7** 公務員が庁舎内の忘れ物を自分のものにした場合は、どんな犯罪になりますか……38
- **Q 8** 公務員が住民からの申請書を破棄した場合は、どんな犯罪になりますか……40
- **Q 9** 公務員が法的根拠もないのに特定会社に補助金などを支出した場合は、どんな犯罪になりますか……43
- **Q10** 公務員が庁舎内の住民を暴力で追い出した場合は、どんな犯罪になりますか……46
- **Q11** 公務員が公共工事で他人の家屋を損壊した場合は、どんな犯罪になりますか……49
- **Q12** 公務員が住民を脅して税金を取り立てた場合は、どんな犯罪になりますか……51

- **Q13** 公務員が申請窓口で住民をバカ呼ばわりした場合は、どんな犯罪になりますか ··· 54
- **Q14** 公務員が必要もないのに無断で住居に入った場合は、どんな犯罪になりますか ··· 57
- **Q15** 公務員が上司の印鑑を使って文書を作成した場合は、どんな犯罪になりますか ··· 59
- **Q16** 公務員が住民の倒産のウソの噂を流した場合は、どんな犯罪になりますか ··· 62
- **Q17** 公務員がニセの公印を作ったり使った場合は、どんな犯罪になりますか ··· 64
- **Q18** 公務員が裁判所でウソの証言をした場合は、どんな犯罪になりますか ··· 66
- **Q19** 公務員が公用車の運転中に人身事故を起こした場合は、どんな犯罪になりますか ··· 68
- **Q20** 公務員が職務上知り得た秘密を漏らした場合は、どんな犯罪になりますか ··· 71
- **Q21** 警察官が違法な逮捕に際してケガをさせた場合は、どんな犯罪になりますか ··· 73
- **Q22** 教師が児童に体罰を加えてケガをさせた場合は、どんな犯罪になりますか ··· 77

第2章
公務員の刑事責任の追及の仕方は、どうするのですか

- **Q23** 告訴・告発とは、どういうことですか ··· 83
- **Q24** 告訴・告発の仕方は、どのようにするのですか ··· 86
- **Q25** 告訴・告発をした後は、どのように処理されるのですか ······································· 95
- **Q26** 検察官が起訴をしない処分にした場合は、どうするのです

か…………………………………………………………………………101
- **Q27** 不起訴処分に対する付審判請求は、どうするのですか………105
- **Q28** 虚偽告訴・虚偽告発の罪とは、どういうものですか……………110

第3章
公務員の民事責任は、どんな場合に追及することができますか
113

- **Q29** 公務員が適法な許可申請を違法に不許可にした場合は、どうなりますか………………………………………………………115
- **Q30** 公務員が住民の名誉を毀損する文書を他人に送った場合は、どうなりますか………………………………………………123
- **Q31** 公務員が公用車の運転中に人身事故を起こした場合は、どうなりますか………………………………………………130
- **Q32** 公務員が職務上知り得た住民の秘密を漏らした場合は、どうなりますか………………………………………………135
- **Q33** 市立小学校教員が体育の授業で跳び箱を強制して児童に怪我をさせた場合は、どうなりますか…………………………138
- **Q34** 警察官が住民を精神病院に入れる目的で違法に逮捕・監禁した場合は、どうなりますか…………………………………142

第4章
公務員の民事責任を追及する「道具」の法律は、どうなっていますか
147

- **Q35** 国家賠償法とは、どんな法律ですか……………………………149
- **Q36** 国家賠償法による損害賠償請求は、どうするのですか………154
- **Q37** 公務員の「公権力の行使」に当たらない不法行為に対する

賠償請求は、どうするのですか……………………………159
- **Q38** 住民監査請求の制度は、どのように利用するのですか………165
- **Q39** 住民訴訟の制度は、どのように利用するのですか………172
- **Q40** 通常の民事訴訟の制度は、どのように利用するのですか……178

第5章

その他の公務員の責任追及の手法には、どんなものがありますか

185

- **Q41** 「請願書」や「陳情書」は、どのように利用するのですか…187
- **Q42** 知事や市町村長のリコール（解職請求）の手続は、どうするのですか…………………………………………………192
- **Q43** 情報公開条例は、どのように利用するのですか……………194
- **Q44** 個人情報保護条例は、どのように利用するのですか………197
- **Q45** 行政不服審査法の不服申立制度は、どのように利用するのですか…………………………………………………200
- **Q46** 行政手続法や行政手続条例は、どのように利用するのですか…………………………………………………205
- **Q47** 行政事件訴訟法は、どのように利用するのですか…………208
- **Q48** 自治体の提言制度は、どのように利用するのですか………213

巻末資料

217

- **巻末資料1** 訴状記載例1・国家賠償請求訴訟………………219
- **巻末資料2** 訴状記載例2・国家賠償請求訴訟………………224
- **巻末資料3** 訴状記載例3・住民訴訟………………………228
- **巻末資料4** 告訴状記載例……………………………………234

第 1 章●
公務員の刑事責任は、どんな場合に追及することができますか

Q1
公務員の裏金作りは、どんな犯罪になりますか

1 虚偽公文書作成罪と虚偽公文書行使罪

　公務員の裏金（不正な会計処理により支出させた勝手気儘に使用できる公金）作りには、少なくとも次の、①虚偽公文書作成罪（刑法第156条）と、②虚偽公文書行使罪（刑法第158条）の二つの刑法上の犯罪を犯すことになります。場合によっては、詐欺罪（刑法第246条）や業務上横領罪（刑法第253条）に該当する場合もありますが、ここでは、①虚偽公文書作成罪と②虚偽公文書行使罪の二つについて説明します。

(1) 　虚偽公文書作成罪とは、公務員が、その職務に関して行使の目的で内容が虚偽である公文書を作成する犯罪をいいます。刑法第156条は、次のように規定しています。

> **刑法第156条**
> 　公務員が、その職務に関し、行使の目的で、虚偽の文書もしくは図画を作成し、または文書もしくは図画を変造したときは、印章または署名の有無により区別して、前2条（詔書・公文書の偽造罪）の例による。

① 　この場合の公務員とは、その公文書を作成する権限を有する公務員をいいます。公務員のような身分のある場合に限り成立する犯罪を身分犯といいます。
　　なお、刑法でいう公務員とは、日本の国の職員、地方公共団体（都道府県や市区町村）の職員その他法令により公務に従事する議員・委員その他の職員をいいます（刑法第7条第1項）。
② 　「虚偽の文書もしくは図画を作成し」とは、職務上文書を作成

すべき公務員が、行使の目的をもってその公文書に虚偽の記載をすることをいいます。つまり、真実に合致しないことを知りながらその公文書を作成することをいいます。

③　この場合の変造(へんぞう)とは、作成権限を有する公務員が既存の公文書に変更を加えて内容を虚偽のものにすることをいいます。

④　「印章または署名の有無により区別して、前2条（詔書・公文書の偽造罪）の例による」とは、印章または署名のある公文書では1年以上10年以下の懲役、印章または署名のない公文書では3年以下の懲役または20万円以下の罰金となることをいいます。

⑤　この身分犯（公務員のような身分のあることを必要とする犯罪）について権限を有する公務員でない者（例えば、裏金作りに協力した民間事業者）が加功(かこう)した（関与した）ときは、身分のない者（例えば、民間事業者）も共犯（複数の者の関与した犯罪）とされます（刑法第65条第1項）。

(2)　虚偽公文書行使罪とは、公務員が、その職務に関して行使の目的で作成した内容虚偽の公文書を行使する犯罪をいいます。刑法第158条は、次のように規定しています。

> **刑法第158条**
> ①　第154条から前条までの文書もしくは図画を行使し、または前条第1項の電磁的記録を公正証書の原本(げんぽん)としての用に供した者は、その文書もしくは図画を偽造し、もしくは変造し、虚偽の文書もしくは図画を作成し、または不実(ふじつ)の記載もしくは記録をさせた者と同一の刑に処する。
> ②　前項の罪の未遂は、罰する。

①　行使とは、内容虚偽の公文書を内容の真実な文書として使用したり、偽造文書を真正な文書として使用することをいいます。

②　虚偽公文書作成罪（刑法第156条）によって作成した内容虚偽

の公文書を行使した者は、刑法第156条の虚偽公文書作成罪の場合と同一の刑に処せられます。
③　虚偽公文書行使罪の未遂罪（犯罪の実行に着手したが遂げない場合）は処罰されます。

2　裏金作りの仕組み

　公務員の裏金作りの典型的な例として、民間事業者である印刷業者を共犯とし印刷物を100万円で注文したことにして裏金を作る場合があります。この裏金の100万円は現金で業者から貰って官官接待などの私的飲食に使ったり、業者に預けておいて一定の地位にある公務員が勝手気儘に使うことになります。

　公務員の裏金作りが行われるのは、印刷物制作や物品購入の権限を与えている部局（例えば、出先機関）や会計担当部課と共謀した場合に行われます。会計書類の名称や会計規則は自治体（都道府県と市町村）によって異なりますが、印刷物の注文の場合の会計処理の手順は次のようになります。物品（例えば、保管庫、布団）を購入したことにする裏金作りも同様の手口によります。

(1)　各部課の庶務担当者が上司の指示により印刷物の注文について伺う「執行伺書」を作成し、上司が決裁（決定）をします。この時点で内容虚偽の執行伺い書類を作成することになります。
(2)　民間事業者と印刷請負契約を締結したことにします。この契約を支出負担行為といいます。支出負担行為とは、支出の原因となる行為で自治体が支払いの義務（債務）を負担することになる行為をいいます。
(3)　民間事業者に納品書・請求書などの支払いに必要に書類を提出させます。これらの書類がないと裏金作りはできませんから、民間事業者は虚偽公文書作成罪の実行犯の共犯とされます（刑法第65条第1項）。
(4)　各部課の庶務担当者は、民間事業者からの請求書・納品書などに

基づき会計担当部課に公金支出をさせる「支出命令書」を作成し、上司は決裁（決定）をします。支出命令とは、自治体の長（実際には下位の者に権限を委譲している）が債務が確定した旨を出納長（都道府県の場合）または収入役（市町村の場合）に通知して支出を命令する行為をいいます。内容虚偽の支出命令書が作成されます。
(5) 出納長または収入役は、補助職員と支出負担行為を確認して支払いをします。

執行伺書の作成と決裁	各部課の庶務担当者と上司により虚偽の執行伺書が作成されます。
↓	
契約（支出負担行為）	民間事業者と請負契約を締結したことにします。この契約により支払義務（債務）を負うことになります。
↓	
業者から書類の提出	納品書・請求書などの必要書類を提出させます。協力した民間事業者は共犯とされます。
↓	
支出命令書の作成と決裁	各部課の庶務担当者と上司により虚偽の支出命令書が作成されます。会計担当部課へ回付されます。
出納長・収入役による確認と支払い	会計担当部課は会計書類を確認して業者に支払います。

3 裏金作りの実行行為

　公務員の裏金作りの主な流れは、印刷物制作や物品購入の場合には上例のようになりますが、一般に次のような内容虚偽の公文書が作成されます。
(1) 上例の「執行伺書」の作成は、虚偽有印公文書作成の実行行為となります。会計担当部課への提出は、虚偽有印公文書行使の実行行為となります。
(2) 契約書が作成された場合は、虚偽有印公文書作成の実行行為とな

ります。会計担当部課への提出は、虚偽有印公文書行使の実行行為となります。

(3) 民間事業者の納品書・請求書の提出は、虚偽有印公文書作成の共犯となります。

(4) 上例の「支出命令書」の作成は、虚偽有印公文書作成の実行行為となります。会計担当部課への提出は、虚偽有印公文書行使の実行行為となります。

(5) 一般に庶務担当者は納品された物の検査をし、受領をしたことを証する書面を作成しますが、この書面の作成も虚偽有印公文書作成の実行行為となります。会計担当部課への提出は、虚偽有印公文書行使の実行行為となります。

 以上のように公務員の裏金作りには、①虚偽有印公文書作成の実行行為と②虚偽有印公文書行使の実行行為は必須のことといえます。これらの犯罪行為は、いずれも法定刑（法律に定められている刑）は10年以下の懲役とされている重大な犯罪行為なのです。

Q2 公務員のカラ会議、カラ出張、カラ雇用は、どんな犯罪になりますか

1 公務員のカラ会議、カラ出張、カラ雇用

　公務員のカラ会議、カラ出張、カラ雇用は、少なくとも①虚偽公文書作成罪（刑法第156条）と②虚偽公文書行使罪（刑法第158条）の二つの刑法上の犯罪を犯すことになりますが、詐欺罪（刑法第246条）や業務上横領罪（刑法第253条）に該当する場合もあります。

(1)　カラ会議とは、公務員が架空の会議や懇談会などを実施したことにして飲食店に請求書を提出させて飲食店に公金を支払った後、その飲食店から支払額の返還を受けて裏金としたり、その飲食店に預けておいて一定の地位にある公務員が勝手気儘に使うことにする架空の会議をいいます。

(2)　カラ出張とは、公務員が出張に行かないのに出張したと偽って出張旅費（交通費と宿泊料）を公金から支出させる場合や4泊5日の出張と偽って1泊2日の出張をした場合その他の出張旅費を騙し取るための出張をいいます。

(3)　カラ雇用とは、架空の臨時要員（アルバイト、パートタイマー）を雇用したことにして賃金を公金から支出させて賃金を騙し取るための架空の雇用をいいます。

2 カラ会議による公金支出

　カラ会議（公務員の行う架空の会議や懇談会）のための予算は、一般に食糧費という費目が主に使用されていましたが、平成5年頃からの全国的な市民オンブズ活動の成果によって官官接待と呼ばれる私的飲食その他の食糧費の支出は大幅に減少しています。食糧費による宴会の記録には、例えば、香川県の土木監理課では3日に2回以上の宴会をしていたり、3月

の1カ月間に1回9万9110円の宴会を7回も実施したという記録も存在しています。

食糧費による宴会費用の支出手続は、次のような流れになっています。
(1)　会議・懇談会などの「執行伺書」を作成をします。一般に庶務担当者が作成し上司（課長など）が決裁（決定）をします。カラ会議のための「執行伺書」の作成行為は、虚偽有印公文書作成の実行行為となります。会計担当部課への提出は、虚偽有印公文書行使の実行行為となります。
(2)　飲食店と飲食物の提供に関する契約を締結します。この契約の性質は、支出負担行為となりますが、飲食の場合は一般的に契約書は作成されません。
(3)　飲食店からの請求書によって「支出命令書」を作成します。一般に庶務担当者が作成し上司（課長など）が決裁（決定）をします。カラ会議のための「支出命令書」の作成行為は、虚偽有印公文書作成の実行行為となります。会計担当部課への提出は、虚偽有印公文書行使の実行行為となります。
(4)　会計担当部課（出納長または収入役）は、提出された一切の会計書類で支出負担行為を確認して公金の支払手続（通常は銀行振込）をします。会計担当部課の公務員がカラ会議の事実を知っていた場合は、虚偽有印公文書行使の共同正犯（2人以上の者が共同して犯罪を実行すること）となります。

3　カラ出張による公金支出

カラ出張（架空または虚偽の日程による出張）は、あらゆる予算を使って権限のある者が行う発覚しにくい裏金形成の手口になっています。カラ出張の公金支出の手続の主な流れは、次のようになります。
(1)　カラ出張のために必要な書類（出張命令簿、執行伺書）を作成します。一般に出張者本人または庶務担当者が作成し上司（出張命令権者）が決裁（決定）をします。カラ出張のための出張命令簿その

他の文書の作成行為は、虚偽有印公文書作成の実行行為となります。会計担当部課への提出は、虚偽有印公文書行使の実行行為となります。

(2)　出張者本人または庶務担当者は出張命令簿に基づいて「支出命令書」を作成し、上司（出張命令権者）が決裁（決定）をします。カラ出張のための「支出命令書」の作成行為は、虚偽有印公文書作成の実行行為となります。会計担当部課への提出は、虚偽有印公文書行使の実行行為となります。

(3)　会計担当部課（出納長または収入役）は、提出された「支出命令書」その他の会計書類に基づいて公金の支払手続（通常は登録された個人の銀行口座に振込）をします。会計担当部課の公務員がカラ出張の事実を知っていた場合は、虚偽有印公文書行使の共同正犯となります。

(4)　出張終了後、原則として報告書類である「復命書」を作成して上司に提出しますが、虚偽の内容を記載していますから、その文書の作成行為は、虚偽有印公文書作成の実行行為となり、上司への提出行為は、虚偽有印公文書行使の実行行為となります。

(5)　カラ出張は、公金支出の手続に関与する者の数が少なく、部外者（例えば、民間事業者）の提出する書類もないため発覚しにくい裏金形成の手口となっています。

4　カラ雇用による公金支出

　カラ雇用（架空の臨時要員の雇用）のための予算は、人件費が使われる場合は社会保険（健康保険など）が適用されますから、一般に物件費が使われます。社会保険の適用されない短期間の大学生や主婦のアルバイトが偽装されます。アルバイトの賃金の支出手続も、食糧費の場合と同様になります。

(1)　臨時要員（アルバイト）の雇用のための「執行伺書」を作成します。一般に庶務担当者が作成し上司が決裁（決定）をします。カラ雇用のための「執行伺書」の作成行為は、虚偽有印公文書作成の実行行

為となります。会計担当部課への提出は、虚偽有印公文書行使の実行行為となります。
(2) 臨時要員と雇用契約（労働契約）を締結したことにします。この契約の性質は、支出負担行為となりますが、臨時要員との雇用契約では契約書の作成されない場合もあります。
(3) 臨時要員の勤務記録に基づいて「支出命令書」を作成します。一般に庶務担当者が作成し上司が決裁（決定）をします。カラ雇用のための「支出命令書」の作成行為は、虚偽有印公文書作成（内容虚偽の公文書を作成する行為）の実行行為となります。会計担当部課への提出は、虚偽有印公文書行使の実行行為となります。
(4) 会計担当部課（出納長または収入役）は、提出された一切の会計書類で支出負担行為を確認して公金の支払手続をします。会計担当部課の公務員がカラ雇用の事実を知っていた場合は、虚偽有印公文書行使の共同正犯となります。
(5) 臨時要員の賃金の領収書が必要になりますが、公務員がその領収書を偽造することなりますから、公務員に私文書偽造罪（刑法第159条第1項）と偽造私文書行使罪（刑法第161条第1項）の各犯罪が成立します。私文書とは、公文書（公務員が職務上作成する文書）以外の文書をいいます。他人名義の権利義務または事実証明に関する文書（例えば、領収書）を偽造した場合は私文書偽造罪となります。

5　詐欺罪と業務上横領罪

公務員のカラ会議、カラ出張、カラ雇用によって公金を得る方法や得た公金の処分について次のように①詐欺罪（刑法第246条）や②業務上横領罪（刑法第253条）に該当する場合があります。
(1) 詐欺罪とは、他人を欺いて財物（財産的価値のある物）を交付させ、または欺かれた者の行為によって財産上不法の利益を得たり他人に得させる犯罪をいいます。

> 刑法第246条
> ① 人を欺いて財物を交付させた者は、10年以下の懲役に処する。
> ② 前項の方法により、財産上不法の利益を得、または他人にこれを得させた者も同項と同様とする。

① 「人を欺いて」とは、他人を錯誤に陥らせることをいいます。その手段や方法に制限はなく、不作為（例えば、告知義務のある者の沈黙）も含まれます。
② 財物とは、財産的価値を持つ物（固体・液体・気体）をいいます。
③ 「財産上不法の利益を得」とは、相手方の意思によって（だまされた者の処分行為によって）財産上の不法の利益を取得することをいいます。例えば、貸主をだまして借金を免除させる場合です。
④ 自治体（の公務員）を欺いてカラ出張の出張旅費を交付させる行為は、典型的な詐欺行為となります。

(2) 業務上横領罪とは、業務上、自分の占有（財物を支配していること）している他人の物を横領する犯罪をいいます。

> 刑法第253条
> 業務上自己の占有する他人の物を横領した者は、10年以下の懲役に処する。

① この場合の「業務」とは、社会生活上の地位に基づいて反復・継続して行われる事務をいいます。職業や営業として行われるものに限られません。例えば、公務員の公務のほか、公務員の解雇後の後任者への引き継ぎまでの間の保管行為も業務となります。
② この場合の「占有」とは、財物に対する事実上の支配や法律的支配をしている状態をいいます。例えば、公務として物品を保管している場合です。
③ 「横領」とは、他人の物を不法に領得（経済的用法に従って不

正に利用し処分する行為）する行為をいいます。横領行為には、(a)事実上の処分行為（例えば、公金の着服、公金の費消）と、(b)法律上の処分行為（例えば、売却）とがあります。

④　例えば、公務員が自分の管理している裏金から自分のパソコンを購入したような場合は、典型的な業務上横領行為となります。

Q3 公務員が適法な許可申請を不許可にした場合は、どんな犯罪になりますか

1 公務員職権濫用罪

　公務員が適法な許可申請であることを知りながら、故意に（わざと）恣意的に（自分の思うままに）不許可処分をして権利の発生を妨げる行為をした場合は、公務員職権濫用罪（刑法第193条）の犯罪行為となります。例えば、自治体所有の市民会館会議室の適法な使用許可申請に対して、使用許可権限を有する公務員が適法な使用許可申請であることを知りながら、故意に恣意的に不許可処分をして権利の発生を妨げる行為をしたような場合です。刑法第193条（公務員職権濫用罪）は、次のように規定しています。

> 刑法第193条
> 　公務員が、その職権を濫用して、人に義務のないことを行わせ、または権利の行使を妨害したときは、2年以下の懲役または禁錮に処する。

(1)　この場合の公務員とは、他人に行為を命じ必要に応じてこれを強制する権限を有する公務員をいいます。本罪は公務員の身分を有する者に限られる身分犯です。

(2)　「その職権を濫用して」とは、職務上の権限を不法に行使することをいいます。例えば、職務上の権限に属する事項について不当な目的のために、または不法な方法によって権限を行使する場合です。判例は、裁判官が女性の被告人に電話をして被害弁償のことで会いたいと言って喫茶店に呼び出し同席させる行為を職権濫用としています。

(3)　「人に義務のないことを行わせ」とは、他人に法律上の義務のな

いことを行わせる場合のほか、義務がある場合でも履行時期を恣意的に早めるような義務の態様を変更する行為も含まれます。例えば、許可申請に際して提出する必要のない書面の提出を許可の条件とする場合があります。「人」には部下の公務員も含まれますから、上司が不法な不許可処分をすることを部下に指示した場合は本罪が成立します。

(4) 「権利の行使を妨害したとき」とは、法律上認められている権利の行使を妨害することをいいます。例えば、許可・認可を与える権限を有する公務員が、適法な許認可申請に対して故意に恣意的に拒否処分をし権利の発生を妨げる場合があります。

2　公務員の違法な行政処分

　公務員が適法な許可申請を故意に恣意的に不許可にした場合の典型的な例には、①自治体の管理する港湾施設の使用許可申請に対して不許可処分をした場合、②自治体の所有する集会室・会議室の使用許可申請に対して不許可処分をした場合がありますが、これらの違法な不許可処分（行政処分といいます）に対しては、(a)行政不服審査法によって不服申立（審査請求または異議申立）をすることができますし、(b)国家賠償法によって国家賠償請求訴訟をすることもできますが、上例のような特定の日時・場所の使用を必要とする場合には、事実上、これらの法的救済手段は直接は役立ちません。従って、今後の違法な行政処分を防止する観点からも、公務員職権濫用罪（刑法第193条）による告発は必須のことといえます。

Q4 公務員が住民の同意書を勝手に作った場合は、どんな犯罪になりますか

1　公務員による私文書の偽造

　公務員が住民の同意書を勝手に作った場合は、私文書偽造罪（刑法第159条）の犯罪行為となりますが、偽造した私文書を使った場合は、偽造私文書行使罪（刑法第161条）の犯罪行為となります。私文書とは、公文書（公務員が職務上作成した文書）以外の文書をいいます。公務員が公務を執行する中で住民の同意書その他の住民の作成する文書が必要になる場合が多くありますが、住民から必要な書面を貰うことができなかった場合に公務員が住民名義の私文書を勝手に作成する場合があります。

　例えば、自治体は国土調査法に基づいて地域の詳細な地図（地籍測量図）を作成する必要がありますが、地籍測量図を作成するためには各土地所有者に境界確認を求める必要があります。しかし、土地所有者が確認しなかった場合には、公務員は測量図を作成することができないため、土地所有者が立ち会って確認した旨の書類（地籍調査票）を偽造する場合があります。

　住民の実印（市町村に登録している印鑑）を使って公務員が住民名義の契約書その他の書類を偽造する場合もありますから、自治体と土地の売買をするような場合に公務員を信用して公務員に実印を渡さないことが大切です。例えば、自治体に土地を売った場合には、売買契約書、登記申請書類その他の書類を作成する必要がありますが、自分で押印するのを面倒だとして公務員に実印を渡した場合は、他の書類に押印される場合がありますから、必ず自分で確認した後に押印をします。公務員によって実印が押印された場合には、後日、公務員の私文書偽造罪や偽造私文書行使罪の犯罪行為が発覚しても公務員の責任を追及することが困難になります。

2　私文書偽造罪

私文書偽造罪について刑法第 159 条は、次のように規定しています。

> 刑法第 159 条
> ① 行使の目的で、他人の印章もしくは署名を使用して権利、義務もしくは事実証明に関する文書もしくは図画を偽造し、または偽造した他人の印章もしくは署名を使用して権利、義務もしくは事実証明に関する文書もしくは図画を偽造した者は、3 月以上 5 年以下の懲役に処する。
> ② 他人が押印しまたは署名した権利、義務または事実証明に関する文書または図画を変造した者も、前項と同様とする。
> ③ 前 2 項に規定するもののほか、権利、義務または事実証明に関する文書または図画を偽造し、または変造した者は、1 年以下の懲役または 10 万円以下の罰金に処する。

(1) 「行使」とは、真正の文書または内容の正しい文書のように見せかけて提示したり交付したり閲覧に供したりして他人が内容を認識することができる状態に置くことをいいます。
(2) 「他人」とは、日本の公務所（官公署）または公務員でない者を意味します。
(3) 「権利、義務に関する」文書とは、権利や義務の発生・変更・消滅の効果を発生させる文書・図画をいいます。例えば、契約書、借用証書、領収書、同意書、婚姻届書があります。
(4) 「事実証明に関する」文書とは、実社会生活に交渉を有する事項を証明するに足りる文書（判例の立場）をいいます。判例で認められたものには、郵便局に対する転居届、履歴書、広告依頼書、衆議院議員候補者推薦状などがあります。
(5) 「偽造」とは、作成権限のない者が、他人名義の文書・図画を作成することをいいます。

Q 4 ——公務員が住民の同意書を勝手に作った場合は、どんな犯罪になりますか

(6) 「変造」とは、作成権限のない者が、真正の他人名義の文書の非本質的部分に不法に変更を加えることをいいます。文書の本質的部分に不法に変更を加える場合は「偽造」となります。例えば、文書の作成名義人に変更を加える場合は偽造となります。
(7) ①の第1項（有印私文書偽造罪）は、行使の目的で、(a)他人の印章・署名を使用して権利・義務・事実証明に関する文書・図画を偽造する場合と、(b)偽造した他人の印章・署名を使用して権利・義務・事実証明に関する文書・図画を偽造する場合を規定しています。
(8) ②の第2項（有印私文書変造罪）は、行使の目的で真正の他人名義の文書・図画を変造した場合を規定しています。
(9) ③の第3項（無印私文書偽造・変造罪）は、他人の署名・押印のない文書・図画を偽造・変造した場合を規定しています。
(10) 文書・図画の作成名義人を偽る場合を有形偽造といい、作成権限を有する者が内容を偽る場合を無形偽造といいます。Q1に述べた虚偽公文書作成罪は無形偽造を処罰していますが、私文書の無形偽造（例えば、領収書の作成者がウソの金額を記載する場合）は、医師が公務所（官公署）に提出すべき診断書・検案書・死亡証書に虚偽の記載をした場合を除いて、処罰されません（刑法第160条）。

3 偽造私文書行使罪

偽造私文書行使罪について刑法第161条は、次のように規定しています。

> 刑法第161条
> ① 前2条の文書または図画を行使した者は、その文書もしくは図画を偽造し、もしくは変造し、または虚偽の記載をした者と同一の刑に処する。
> ② 前項の罪の未遂は、罰する。

(1) 「前2条」とは、刑法第159条（私文書偽造罪）と刑法第160条（医

師の虚偽診断書等作成罪）をいいます。
(2) 「行使」とは、真正の文書または内容の正しい文書のように見せかけて提示したり交付したり閲覧に供したりして他人が内容を認識することができる状態に置くことをいいます。内容虚偽の診断書などの場合は、公務所に提出する行為をいいます。

文書偽造などの罪

虚偽公文書作成罪 （Q1 ほか）	公務員が職務に関し行使の目的で内容虚偽の公文書を作成する罪（行為者には公務員の身分を必要とする身分犯） 印章・署名の有無により有印・無印の区別がされる
虚偽公文書行使罪 （Q1 ほか）	虚偽公文書や偽造公文書を行使する罪（行為者は公務員の身分を有する者に限らない） 印章・署名の有無により有印・無印の区別がされる
私文書偽造罪 （Q4 ほか）	私文書（公文書以外の文書）の作成者の名義を偽造する罪（行為者は公務員の身分を有する者に限らない） 印章・署名の有無により有印・無印の区別がされる 内容を偽る場合（例えば、作成者が領収書にウソの金額を記載するような無形偽造）は、医師の診断書等を除き処罰されない
偽造私文書行使罪 （Q4 ほか）	偽造私文書（一定の医師の診断書等も含む）を行使する罪（内容虚偽の私文書の行使は不処罰） 印章・署名の有無により有印・無印の区別がされる

Q4 ——公務員が住民の同意書を勝手に作った場合は、どんな犯罪になりますか

Q5 公務員が建設業者から商品券を貰った場合は、どんな犯罪になりますか

1 賄賂の意味

公務員が、その職務に関して賄賂を受け取り、または賄賂を要求または約束した場合は、収賄罪（刑法第197条）の犯罪行為が成立します。賄賂とは、公務員の職務行為に関する不正の報酬としての利益をいいます。賄賂の意味は、次の通りです。

(1) 賄賂は、公務員の職務に関する報酬でなければなりません。職務に関するとは、職務行為自体に対する場合のほか、職務と密接な関係を有する場合も含まれます。

(2) 公務員の職務行為とは、公務員が、その地位に伴う本来の任務として取り扱うべき一切の執務をいいます。その範囲は、法令に直接の規定のあるものに限らず、上司の指揮監督による命令を受けて従属的・補佐的に取り扱う場合も含まれます。

(3) この場合の「職務」は、法令上その公務員の抽象的な職務権限に属するものであれば足り、現に具体的に担当している事務であることは必要としません。将来にいたって初めて行う事務でもよいし、過去に担当していた事務も含まれます。

(4) 賄賂の目的物は、金銭や物品のような財産的利益に限らず、人の欲望を満たすに足りる利益であれば賄賂となります。例えば、商品券、謝礼金、土地・建物・飲食物その他の物の提供のほか、異性間の情交、就職の斡旋、芸妓の演芸も賄賂となります。

2 単純収賄罪・受託収賄罪・事前収賄罪

単純収賄罪（公務員が職務に関して賄賂を収受し要求し約束する罪）・受託収賄罪（請託を受けた場合）・事前収賄罪（後日、公務員になった場合）

について刑法第197条は、次のように規定しています。

> 刑法第197条
> ① 公務員が、その職務に関し、賄賂を収受し、またはその要求もしくは約束をしたときは、5年以下の懲役に処する（**単純収賄罪**）。この場合において、請託を受けたときは、7年以下の懲役に処する（**受託収賄罪**）。
> ② 公務員になろうとする者が、その担当すべき職務に関し、請託を受けて、賄賂を収受し、またはその要求もしくは約束をしたときは、公務員となった場合において、5年以下の懲役に処する（**事前収賄罪**）。

(1)　「収受」とは、賄賂を受け取ることをいいます（賄賂収受罪）。収受の時期は職務行為の前後を問いません。無形の利益（例えば、芸者の演芸）については、現に見たり聞いたりしたことが収受となり既遂に達します。

(2)　「要求」とは、賄賂の供与を請求することをいいます（賄賂要求罪）。要求に対して相手方が要求に応じなかった場合も含まれます。要求を撤回しても本罪の成立に影響しません。

(3)　「約束」とは、贈賄者（賄賂を渡す者）と収賄者（賄賂を受け取る者）との間で将来賄賂を授受することについて合意をすることをいいます（賄賂約束罪）。
　　いったん約束をした以上、約束を解除する意思表示をしても本罪の成立に影響しません。

(4)　「請託」とは、公務員に対して、その職務に関し一定の行為を行うことを依頼することをいいます。請託の内容は、正当な職務行為か不正な職務行為かを問いません。「請託を受けて」とは、依頼を承諾したことを意味します。

(5)　刑法第197条第2項（事前収賄罪）は、公務員になろうとする者が、

Q5──公務員が建設業者から商品券を貰った場合は、どんな犯罪になりますか

公務員になった場合に限り処罰されます。

3 賄賂に関する犯罪

賄賂に関する犯罪には、以上のほかに次のものがあります。
(1) 第三者供賄罪（公務員自らが賄賂を収受せずに第三者に供与させる場合）について刑法第197条の2は、次のように規定しています。

> 刑法第197条の2
> 　公務員が、その職務に関し、請託を受けて、第三者に賄賂を供与させ、またはその供与の要求もしくは約束をしたときは、5年以下の懲役に処する。

① 例えば、公務員がその職務に関し依頼を受けて承諾し、その謝礼として100万円を自分の作った××研究会に寄付名義で提供させるような場合です。「第三者」とは、公務員である行為者以外の者をいいます。第三者には、自然人（人間のこと）のほか会社のような法人も含まれます。第三者は、その目的物が賄賂であることを知らなくてもかまいません。
② 「請託を受けて」とは、職務に関する依頼を受けて、その依頼を承諾したことをいいます。
③ 「供与」とは、賄賂の目的物を受け取らせることをいいます。第三者が受け取らない場合は、要求または約束になります。
(2) 加重収賄罪について刑法第197条の3第1項・第2項に、事後収賄罪について刑法第197条の3第3項に、次のように規定しています。

> 刑法第197条の3
> ① 公務員が、前2条の罪を犯し、よって不正な行為をし、または相当の行為をしなかったときは、1年以上の有期懲役に処する。

> ②　公務員が、その職務上不正な行為をしたことまたは相当の行為をしなかったことに関し、賄賂を収受し、もしくはその要求もしくは約束をし、または第三者にこれを供与させもしくはその供与の要求もしくは約束をしたときも、前項と同様とする。
> ③　公務員であった者が、その在職中に請託を受けて職務上不正な行為をしたことまたは相当な行為をしなかったことに関し、賄賂を収受し、またはその要求もしくは約束をしたときは、5年以下の懲役に処する。

①　例えば、公務員が収賄罪を犯し、公共工事の入札予定価格をもらしたり（不正な行為をし）、または、議員が議場に出席しなかった場合（当然すべき行為をしなかった場合）があります。「前2条の罪」とは、刑法第197条の単純収賄罪・受託収賄罪・事前収賄罪と刑法第197条の2の第三者供賄罪をいいます。

②　加重収賄罪（第1項・第2項）は、収賄行為とともに収賄に関連して職務違反の行為（例えば、秘密にしている工事予定価格を教える行為）が行われたことを理由に特に重く罰するものです。第1項は収賄行為の後に職務違反行為が行われる場合であり、第2項は職務違反行為の後に収賄行為が行われる場合です。「相当の行為をしなかったとき」とは、公務員として当然なすべき行為をしなかった場合をいいます。例えば、議員が賄賂を貰って議場に出席しない場合があります。

③　事後収賄罪（第3項）は、過去に公務員であった者が退職後において在職中の職務違反行為に関して収賄する場合の犯罪です。

(3)　斡旋収賄罪について刑法第197条の4は、次のように規定しています。

> 刑法第197条の4
> 　公務員が請託を受け、他の公務員に職務上不正な行為をさせる

Q5――公務員が建設業者から商品券を貰った場合は、どんな犯罪になりますか

> ように、または相当の行為をさせないように斡旋をすることまたはしたことの報酬として、賄賂を収受し、またはその要求もしくは約束をしたときは、5年以下の懲役に処する。

① この場合の賄賂は、公務員自身の職務に関するものではなく、他の公務員の職務行為を斡旋すること(例えば、特定の建設業者に公共工事の請負をさせるように仲介すること)の対価としての利益を意味します。
② 「斡旋」とは、一定事項について、両方の当事者の間に立って仲介し、交渉成立の便宜を図ることをいいます。過去の斡旋行為のほか将来の斡旋行為も含みます。将来の斡旋行為について賄賂を収受・要求・約束した場合は、後に斡旋行為が行われたかどうかを問わず、本罪が成立します。

(4) 贈賄罪について刑法第198条は、次のように規定しています。

> **刑法第198条**
> 　第197条から第197条の4までに規定する賄賂を供与し、またはその申込みもしくは約束をした者は、3年以下の懲役または250万円以下の罰金に処する。

① 「第197条から第197条の4までに規定する賄賂」とは、前述したすべての賄賂を指します。
② 「供与」とは、相手方に収受(受け取ること)させることをいいます。相手方が収受しない場合は、「申込み」になります。
③ 「申込み」とは、利益の提供を申し出て収受を促す行為をいいます。
④ 「約束」とは、賄賂に関して贈賄者と収賄者の間の意思が合致することをいいます。どちらが先に申し出たかは関係ありません。
⑤ 賄賂の供与・申込み・約束の時期は、公務員の職務行為の前で

も後でもかまいません。
(5) 賄賂の没収と追徴について刑法第197条の5は、次のように規定しています。

> 刑法第197条の5
> 　犯人または情を知った第三者が収受した賄賂は、没収する。その全部または一部を没収することができないときは、その価額を追徴する。

① 「情を知った第三者」とは、賄賂であることを知っている犯人以外の者をいいます。会社のような法人も、その代表者が情を知っている場合は含まれます。
② 「没収」とは、物の所有権を国庫に帰属させる処分をいいます。付加刑（主刑を言い渡す場合に付加してのみ科すことのできる刑罰）として科されます。
② 「追徴」とは、没収することができる物を没収することができない場合に、没収に代えて、その価額の納付を強制する処分をいいます。没収とは異なり、刑そのものではありません。

Q6 公務員が中止になった出張の旅費を返さない場合は、どんな犯罪になりますか

1 横領とは

　公務員が中止になった出張（例えば、台風で出張が中止になった場合や4泊5日の出張が1泊2日の出張になった場合）の旅費を返さない場合は、刑法第253条に規定する業務上横領罪の犯罪行為が成立します。この場合は、本章Q2に述べたカラ出張の場合とは異なり、適法に出金された他人の公金（出張旅費）を返還せずに不法に領得（不正に利用・処分をすること）する犯罪の類型です。カラ出張の場合は自治体（の公務員）を騙して、内容虚偽の公文書（出張命令簿、支出金調書など）を作成し会計担当部課へ提出して行使しますから、虚偽公文書作成罪（刑法第156条）、虚偽公文書行使罪（刑法第158条）、詐欺罪（刑法第246条）の各犯罪が成立します。

　横領罪の特色は、自分の占有（物に対する事実的支配や法律的支配をすること）する他人の物を、不法に領得（他人の財産を不法に利用・処分すること）する犯罪だということです。領得とは、権利者を排除して他人の物を自分の所有物のように経済的・法律的に利用したり処分する行為をいいます。判例も、横領罪の成立には、不法領得の意思が必要だとしていますが、不法領得の意思とは、他人の物の占有者がその任務に背いて、その物について権限がないにもかかわらず、所有者でなければできないような処分をする意思をいいます。

2 業務上横領罪

　業務上横領罪について刑法第253条は次のように規定しています。

　　刑法第253条

> 業務上自己の占有する他人の物を横領した者は、10年以下の懲役に処する。

(1) 「業務」とは、社会生活上の地位に基づいて反復または継続して行われる事務をいいます。職業または職務として行われる事務に限られません。業務の根拠は、法令によると契約によると慣例によるとを問いません。公務員が職務上出張旅費を保管する業務も含まれます。

(2) 「自己の占有する」とは、物が犯人の占有に属し、かつ他人の占有に属さないことをいいます。共同占有（同一の物を複数の者が共同して占有すること）の場合は他人の占有を含むので、「自己の占有」とはなりません。この場合の「占有」には、物に対する事実的支配のほか、法律的支配も含まれます。

　なお、「他人の物」には、共有物（共同所有をしている物）も含まれます。

(3) 「横領」とは、自己の占有する他人の物を不法に領得すること（他人の物を自分の物のように経済的・法律的に利用したり処分すること）をいいます。

(4) 単純横領罪について刑法第252条第1項は「自己の占有する他人の物を横領した者は、5年以下の懲役に処する」としているのに対して、業務上横領罪は「10年以下の懲役に処する」として加重処罰をすることとしています。業務上横領行為は一般に犯人と多数者との間の信頼関係を破るもので、頻発(ひんぱつ)のおそれもあることから加重処罰の必要があるからです。

Q7 公務員が庁舎内の忘れ物を自分のものにした場合は、どんな犯罪になりますか

1 遺失物とは

　他人の忘れ物を自分のものにした場合は、刑法第254条に規定する遺失物横領罪の犯罪が成立します。遺失物とは、占有者の意思に基づかずに占有を離れ、誰の占有にも属していない物をいいます。例えば、庁舎内に置き忘れた時計や財布、電車内に置き忘れられた携帯品、窃盗犯人が乗り捨てた他人の自転車、郵便配達人が誤って配達した他人の郵便物、風で飛んできた隣家の洗濯物、逃走した家畜などがあります。この場合の「横領」も、他人の遺失物を自分の物のように経済的・法律的に利用したり処分すること（他人の物を不法に領得すること）をいいます。

　遺失物は、他人の所有物であれば足り、誰の所有物であるかが不明であっても、所有者がいることが確かであれば他人の物に当たりますが、無主物（現に所有者のいない物）は遺失物にはなりません。例えば、家庭の生ゴミを自治体の指定するゴミ置き場に捨てたような場合は所有権を放棄したものとして無主物となります。しかし、自治体によっては、ゴミ置き場に置くことによって自治体にゴミの所有権が移転するので、ゴミを持ち去ることは窃盗罪（刑法第235条）に該当するという解釈をとっている自治体もあります。この解釈をとるようになったのは、家庭の生ゴミの場合は問題となりませんが、古新聞や古雑誌はチリガミ交換ができるように経済的価値を有すると考えられるからです。

　遺失物がどうかが問題となる場合として、他人の物が占有者の身辺からある程度離れた場所（例えば、20メートル離れた場所）に置かれていても、その物に対する占有者の支配が及んでいる限り遺失物とはなりません。例えば、庁舎内で申請手続をするため1メートル離れた場所に置いていた携帯品を持ち去る行為は窃盗罪となります。

2　占有離脱物横領罪

占有離脱物横領罪について刑法第254条は次のように規定しています。

> 刑法第254条
> 　遺失物、漂流物その他占有を離れた他人の物を横領した者は、1年以下の懲役または10万円以下の罰金もしくは科料に処する。

(1)　「遺失物」とは、占有者の意思に基づかずに占有を離れ、まだ誰の占有にも属していない物をいいます。
(2)　「漂流物」とは、水中にあった遺失物をいいます。
(3)　「占有」とは、支配の意思で事実上物を支配することをいいます。「占有を離れた他人の物」とは、他人の占有に属さない他人の物をいいます。例えば、電車内の忘れ物、誤って配達された他人あての郵便物をいいます。
(4)　「横領」とは、占有を離れた他人の物について不法に占有を取得することをいいます。

Q7——公務員が庁舎内の忘れ物を自分のものにした場合は、どんな犯罪になりますか

Q8 公務員が住民からの申請書を破棄した場合は、どんな犯罪になりますか

1　公用文書とは

　公務員が住民から提出された申請書を破棄した場合は、刑法第258条に規定する公用文書毀棄罪の犯罪が成立します。住民の作成した申請書は私文書（公務員が職務上作成する公文書以外の文書）ですが、公用文書毀棄罪は「公務所の用に供する文書」とされていますから、公文書のほかに申請書のような私文書も含まれます。刑法でいう「公務所」とは、官公庁その他公務員が職務を行う所（場所や建物ではなく制度としての組織体）をいいます（刑法第7条第2項）。

2　公用文書毀棄罪

　公用文書毀棄罪について刑法第258条は次のように規定しています。

> 刑法第258条
> 　公務所の用に供する文書または電磁的記録を毀棄した者は、3月以上7年以下の懲役に処する。

(1)　「公務所の用に供する文書」とは、現に公務所において使用されている文書のほか公務所において使用の目的で保管している文書も含まれます。その文書が公文書であると私文書であるとを問いません。判例では、その文書が偽造文書の場合、作成方式に欠陥のある文書の場合、未完成の文書の場合、保存期限を過ぎた文書の場合も含まれるとしています。その文書が誰の所有であるかも問いません。例えば、情報公開条例にもとづき提出された公開請求書、法令にもとづいて提出された許可申請書があります。

(2) 「電磁的記録」とは、電子的方式、磁気的方式その他人の知覚によっては認識することができない方式で作られる記録であって、電子計算機による情報処理の用に供されるものをいいます（刑法第7条の2）。国や自治体の機関で現に使用中のもののほか、将来使用するために保管しているものも含まれます。その所有者が誰であるかも問いません。また、正しい情報に限らず、虚偽の情報が入力されているものも含まれます。

(3) 「毀棄」とは、文書や電磁的記録の本来の効用を毀損する一切の行為をいいます。例えば、文書を破り棄てるような物質的に毀損する場合のほか、文書を隠して使用できなくする場合も含まれます。判例では、文書の内容の一部である署名・捺印を抹消した場合、公正証書の原本に貼付された印紙を剥がした場合、後日返還する意思で文書の使用をできなくした場合も本罪が成立するとしています。

3　私用文書毀棄罪

私用文書毀棄罪については刑法第259条で次のように規定しています。

> 刑法第259条
> 　権利または義務に関する他人の文書または電磁的記録を毀棄した者は、5年以下の懲役に処する。

(1) 「権利または義務に関する他人の文書」とは、権利や義務の存否・得喪（得ることと失うこと）・変更などを証明する他人所有の文書をいいます。例えば、他人の所有する金銭借用証書・小切手があります。

(2) 「他人の文書」とは、他人名義の文書の意味ではなく、他人の所有する文書を意味します。自分名義の文書であると他人名義の文書であるとを問いません。他人の所有する文書は、公文書であると私文書であるとを問いません。他人とは、行為者以外の私人を意味し、

Q8──公務員が住民からの申請書を破棄した場合は、どんな犯罪になりますか

自然人（人間のこと）のほか会社のような法人も含まれます。
(3)　「電磁的記録」の意味について上記2の(2)の通りです。
(4)　「毀棄」の意味についても上記2の(3)の通りです。判例では、①他人所有の自分名義の文書の日付を改ざんすること、②文書の内容を変更せずに文書の連署者中の1人の署名を抹消して他の者の署名を新たに加えた場合は本罪が成立するとしています。③印影を墨で塗りつぶすことも毀棄にあたるとしています。

Q9 公務員が法的根拠もないのに特定会社に補助金などを支出した場合は、どんな犯罪になりますか

1 公務員の背任行為

　自治体のために事務を処理する公務員が第三者の特定会社の利益を図るために公務員の任務に背く行為をして自治体に損害を加えた場合は、刑法第247条に規定する背任罪の犯罪が成立します。例えば、県の部長が特定会社の利益を図るために法的根拠もないのに勝手に「要綱」を作成して補助金や融資金として公金を支出したような場合です。

　公務員が公金である補助金や融資金を支出する場合は、法令（法律、省令、条例など）上の根拠が必要ですが、地方自治法第232条の2では「普通地方公共団体は、その公益上必要がある場合においては、寄附または補助をすることができる」と抽象的にしか規定していませんので、一般的に自治体によって具体的な「要綱」を作成して補助金や融資金を支出することにしています。ところが、例えば高知県の公務員がこの要綱を知事に無断で勝手に作成して特定会社（縫製会社）に多額のやみ融資（12億円）を支出して高知県の市民オンブズ団体から背任罪で告発された例がありました。

　背任罪は、次の要件を満たす場合に成立します。
(1) 他人のために他人の事務を処理する者が
(2) 自己もしくは第三者の利益を図りまたは本人に損害を加える目的をもって
(3) その任務に背く行為をして
(4) その結果として、本人に財産上の損害を加えたとき
に成立するとされています（刑法第247条）。

2 背任罪

　背任罪について刑法第247条は次のように規定しています。

> **刑法第247条**
> 　他人のためにその事務を処理する者が、自己もしくは第三者の利益を図りまたは本人に損害を加える目的で、その任務に背く行為をし、本人に財産上の損害を加えたときは、5年以下の懲役または50万円以下の罰金に処する。

　例えば、前述のような県の公務員が、第三者の特定会社の利益を図る目的で、やみ融資をして、県に損害を与えたような場合です。更に、銀行の支店長が回収の見込みもないのに無担保で不良貸し付けをするような場合が典型例です。

(1) 「他人のためにその事務を処理する者」とは、他人との間の信任関係にもとづいて事実上、他人の事務を処理する者をいいます。他人とは、行為者以外の者を意味し、自然人（人間のこと）のほか会社や自治体のような法人も含まれます。他人の事務を処理するに至った原因は問わないので、契約（雇用契約、委任契約、請負契約など）による場合のほか、法令の規定による場合（親権者、後見人、破産管財人、会社役員など）も含まれます。この場合の事務は、公的事務であると私的事務であるとを問いませんが、財産的事務に限られると解されています。

(2) 「自己もしくは第三者の利益を図りまたは本人に損害を加える目的で」とは、自己もしくは第三者の利益となりまたは本人の損害となることを認識して行為をすることを必要とすることを意味します。

(3) 「その任務に背く行為」とは、本人との間の信任関係を破る行為をいいます。つまり、本人の事務を処理する者として行うべき法律上の義務に違反した行為をいいます。例えば、銀行の取締役が回収の見込みがないのに無担保で不良貸付を行う場合があります。判例では、村長が給与所得者の村民税を村条例の規定に違反して過少な賦課徴収を行う場合や町村長が保管する公金を正規の手続によらず、

その町村名義で不当に貸し付けた場合に本罪が成立するとしています。

(4) 「財産上の損害」とは、財産上の価値が減少することをいいます。積極的損害（既存財産の減少）のほか消極的損害（財産の増加の妨害）を含みます。財産上の価値の減少の有無は、法律的判断によってではなく経済的評価によります。例えば、法律上は債権として存在しても、その実行が不可能な不良債権であれば、経済的価値の喪失または減少があるからです。

(5) 本罪の未遂は罰するとされています（刑法第250条）。未遂を罰する場合は、法律の各条文で規定されます（刑法第44条）。未遂罪の刑については刑法第43条で「犯罪の実行に着手してこれを遂げなかった者は、その刑を減軽（げんけい）することができる。ただし、自己の意思により犯罪を中止したときは、その刑を減軽しまたは免除する」と規定しています。

Q10 公務員が庁舎内の住民を暴力で追い出した場合は、どんな犯罪になりますか

1　庁舎管理権と暴行

　公務員が庁舎管理権にもとづき庁舎内の住民を退去させる場合でも、暴力で追い出した場合は、刑法第208条に規定する暴行罪（ぼうこうざい）の犯罪が成立します。暴行の結果、住民の身体を傷害した場合は、刑法第204条に規定する傷害罪の犯罪が成立します。

　自治体では、一般に庁舎管理規則を制定し、特定の庁舎管理者を指定して庁舎の管理を行っており、住民が公務に支障のある行為（例えば、執務の妨害、座り込み、施設や設備の損傷、寄附の募集）をした場合には、庁舎管理権にもとづき庁舎外に退去をするよう命ずることができますし実力をもって退去させることもできます。しかし、庁舎管理権にもとづく実力の行使は、社会通念上是認されうる程度のもの（暴行にあたらないもの）でなければならず、暴力をもって退去させる行為は、暴行罪の犯罪行為となります。

　暴行罪の暴行とは、人の身体に対する不法な物理的な力の行使をいいます。例えば、他人を殴ったり、蹴ったりすることはもちろん、手で他人の肩を押して土間に転倒させる行為が典型的な暴行の例といえます。

2　暴行罪

　暴行罪について刑法第208条は次のように規定しています。

> 刑法第208条
> 　暴行を加えた者が人を傷害するに至らなかったときは、2年以下の懲役もしくは30万円以下の罰金または拘留もしくは科料に処する。

(1) 暴行罪の「暴行」とは、人体に対する不法な有形力（物理的な力）の行使をいいます。例えば、上記1に述べた、①他人を殴ったり蹴ったりする行為、②手で他人の肩を押して土間に転倒させる行為のほか、③石を投げたり、④唾を吐きかけたりする行為があります。いずれも人に対する行為に限られ物に対する暴行は含まれません。判例では、被害者の身辺で大太鼓や鉦を強く連打して不法に強烈な音波を出す行為には本罪が成立するとしています。

(2) 「人を傷害するに至らなかったとき」に限り暴行罪が成立しますから、人を傷害するに至った場合には傷害罪（刑法第204条）が成立します。本罪には①暴行の意思で暴行した場合と②傷害の意思で暴行した場合とを含みますが、いずれも傷害の結果が生じないことが必要です。

(3) 法定刑（法律に定めた刑）は、懲役、罰金、拘留、科料のいずれかが科されることとされています。

　① 懲役とは、監獄に拘置して所定の作業を行わせる刑をいいます。
　② 罰金とは、一定の金額（原則1万円以上）の納付を命ずる刑をいいます。
　③ 拘留とは、1日以上30日未満の期間、拘留場に拘置する刑をいいます。
　④ 科料とは、罰金より少額の1000円以上1万円未満の金額の納付を命ずる刑をいいます。

3 傷害罪

傷害罪について刑法第204条は次のように規定しています。

> 刑法第204条
> 　人の身体を傷害した者は、15年以下の懲役または50万円以下の罰金に処する。

Q10──公務員が庁舎内の住民を暴力で追い出した場合は、どんな犯罪になりますか

(1) 「人の身体」とは、自然人（人間）である他人の身体を意味します。自分の身体の傷害（自傷行為）は傷害罪になりません。
(2) 「傷害」とは、人の生理的機能を害する行為をいいます（判例）。例えば、肋骨骨折をさせる、皮膚の表皮を剥がす、中毒症状を起こさせる、病毒を感染させるなどの行為をいいます。学説には、人の生理的機能を害する行為（前記の肋骨骨折など）と身体の外貌に重要な変化を与える行為（例えば、頭髪全部を切断する行為）とする説があります。例えば、頭髪全部を切断する行為は人の生理的機能を害する行為といえないが、傷害罪の保護法益には身体の外貌を含まれるので、人の身体の外貌に重要な変化を与える行為も傷害に含まれるとしています。

　傷害の手段は問いませんから、暴行を加えること・毒物を使用することのような有形的方法でも、人を強度に恐怖させる意思表示をして精神に障害を与えるような無形的方法でもかまいません。病人に医薬を与えないような不作為によることもできます。
(3) 刑法第205条は傷害致死罪として「身体を傷害し、よって人を死亡させた者は、3年以上の有期懲役に処する」と規定しています。

Q11 公務員が公共工事で他人の家屋を損壊した場合は、どんな犯罪になりますか

1 建造物の損壊(そんかい)行為

　公務員が公共工事（例えば、道路の拡幅工事）で他人の家屋を故意に損壊した場合は、刑法第260条に規定する建造物損壊罪の犯罪が成立します。建造物とは、家屋その他これに類似する建築物をいいます。

　自治体の公務員が公共工事で他人の家屋を損壊した場合でも、誤って（過失によって）他人の家屋を損壊した場合には、自治体が民法上の不法行為として損害賠償責任を負うことになりますが、故意に（わざと）家屋を損壊したのでなければ刑事責任を負うことはありません。

　刑法第38条第1項は「罪を犯す意思がない行為は、罰しない。ただし、法律に特別の規定がある場合は、この限りでない」と規定して、原則として、罪を犯す意思（故意）のある場合（故意犯）しか罰しないこととし、例外的に、法律に特別の規定がある場合にのみ過失犯を罰することとしています。過失犯とは、罪を犯す意思（故意）がなく、不注意（過失）によって結果を実現し、かつ、注意すればその結果を予見し回避することができた場合をいいます。

2 建造物等損壊罪・同致死傷罪

　建造物等損壊罪・同致死傷罪について刑法第260条は次のように規定しています。

> 刑法第260条
> 　他人の建造物または艦船を損壊した者は、5年以下の懲役に処する。よって人を死傷させた者は、傷害の罪と比較して、重い刑により処断する。

(1) 「他人の」とは、他人の所有に属することを意味します。
(2) 「建造物」とは、家屋その他これに類似する建築物であって、屋根を有し、壁や柱によって支持され、土地に定着し、少なくともその内部に人の出入りのできるものをいいます。従って、判例では、単に棟上げを終わっただけで、まだ、屋根や壁のないもの、竹垣、潜り戸の付属した門は建造物でないとしています。
(3) 「艦船」とは、軍艦と船舶をいいます。
(4) 「損壊」とは、物の効用を害する行為をいいます。建造物の損壊は、その一部の損壊で足り、またその損壊の部分は建造物の主要部分である必要はありません。
(5) 損壊行為の結果として、人を死傷させた者は、傷害の罪と比較して、重い刑によって処断することとされています。

Q12 公務員が住民を脅して税金を取り立てた場合は、どんな犯罪になりますか

1 恐喝とは

　公務員が住民を脅して税金を取り立てた場合は、刑法第249条に規定する恐喝罪の犯罪が成立します。自治体の徴税事務に直接従事する公務員は徴税吏員といい、一定の徴税の権限が与えられていますが、住民を脅して税金を取り立てる権限はないので、恐喝罪が成立します。恐喝とは、財物（財産権の目的となる物）を交付させる目的をもって脅迫（人を恐怖に陥れる目的で害を加えることを告知すること）をいいます。

　滞納している税金は、最終的には、滞納処分という強制執行の方法で滞納者の財産の差押え、換価（財産の売却など）の手続を経て強制的に徴収することになりますが、多数の滞納がある場合は、滞納処分という強制執行の方法で取り立てるのは手間がかかりますから、実際には、一般の債権の回収と同様に形式的には任意に税金を納める方法を取ることにしています。しかし、税金の取り立ては強引に行われるので、住民との間にトラブルが発生します。

2 恐喝罪

　恐喝罪について刑法第249条は次のように規定しています。

> 刑法第249条
> ①　人を恐喝して財物を交付させた者は、10年以下の懲役に処する。
> ②　前項の方法により、財産上不法の利益を得、または他人に得させた者も、同項と同様とする。

(1) 「恐喝」とは、財物を交付させる目的で行う脅迫をいいます。例えば、他人を「殺すぞ」と言っておどして金品を交付させることです。判例では、①犯罪事実を警察に申告すると告知すること、②新聞紙上に秘密を掲載すると通告すること、③村八分の通知をすることは、本罪の脅迫にあたるとしています。この場合の脅迫は、相手方に恐怖心を生じさせるような害悪の通知をすることですが、その恐怖心は相手方の反抗を抑圧するに至らない程度のものであることが必要です。相手方の反抗を抑圧するに足りる程度のより強い脅迫（反抗できなくする脅迫）は、強盗罪（刑法第236条）の手段となります。
(2) 「財物」とは、財産権（所有権など）の目的となる物をいいます。この場合の財物とは、他人の占有する他人の財物を意味します。
(3) 「財物を交付させた」とは、恐喝によって相手方が恐怖心を生じた結果なされたことを意味し、相手方が同情して交付したような場合は含まれません。
(4) 「財産上不法の利益を得」とは、相手方の意思によって（相手方の処分行為によって）財産上不法の利益を得た場合をいいます。「不法の」とは、不法の手段によっての意味であり、得られた利益が不法という意味ではありません。例えば、債権者を恐喝して借金の免除を受けたり、相手方を恐喝して支払いの猶予を受けたような場合です。

3　脅迫とは

脅迫とは、一般的に恐怖心を起こさせる目的で害悪を通知する行為をいいますが、次の3種類に大別されます。

(1)　恐怖心を起こさせる目的で他人に害悪を通知する場合（広義の脅迫で恐喝罪、公務執行妨害罪などの脅迫）
(2)　通知される害悪の種類が特定され、恐怖心を起こした相手方が一定の行為を強制されるような場合（狭義の脅迫で脅迫罪、強要罪などの脅迫）

(3) 相手方の反抗を抑圧する程度の恐怖心を起こさせる場合（最狭義の脅迫で強盗罪、強姦罪などの脅迫）

脅迫罪については刑法第222条は次のように規定しています。

> 刑法第222条
> ① 生命、身体、自由、名誉または財産に対し害を加える旨を告知して人を脅迫した者は、2年以下の懲役または30万円以下の罰金に処する。
> ② 親族の生命、身体、自由、名誉または財産に対し害を加える旨を告知して人を脅迫した者も、前項と同様とする。

(1) 「害を加える旨を告知して」の「害」とは、人を恐怖させるに足りる程度のものをいいます。相手方が現実に恐怖心を起こしたことは必要ではありません。害悪の内容は、告知者が何らかの方法で害悪の発生に影響を与えることができるものであることが必要ですから、天変地異（大地震など）や吉凶禍福の予告は脅迫にはなりません。

(2) 「脅迫」とは、恐怖心を起こさせる目的で害悪を告知することをいいます。告知の方法はなんであるかを問いません。例えば、「村八分にするぞ」と告知した場合です（告知により金品を交付させた場合は恐喝罪となります）。「殺すぞ」とおどす場合も本罪が成立します。

Q 12 ——公務員が住民を脅して税金を取り立てた場合は、どんな犯罪になりますか

Q13 公務員が申請窓口で住民をバカ呼ばわりした場合は、どんな犯罪になりますか

1 侮辱と名誉毀損

　公務員が他の市民もいる申請窓口で申請者の住民をバカ呼ばわりした場合は、刑法第231条に規定する侮辱罪または刑法第230条に規定する名誉毀損罪の犯罪が成立します。

　侮辱罪は、特定の具体的事実を指摘せずに公然と他人の名誉を侵害する場合ですが、名誉毀損罪は、特定の具体的事実を指摘して公然と他人の名誉を侵害する場合です。従って、侮辱罪と名誉毀損罪の区別基準は、特定の具体的事実の指摘の有無にあります。

　名誉の意味は、次の3つの意味があります。

(1) 外部的名誉（社会的名誉）……人に対して社会が与える価値判断（評判）
(2) 名誉感情（主観的名誉）……自分に対して本人が有する価値判断（感情）
(3) 内部的名誉……客観的に存在する内部的価値（真価は他人に侵害されない）

　侮辱罪と名誉毀損罪の保護法益は、ともに外部的名誉と名誉感情であると解されています。

　侮辱罪も名誉毀損罪も、ともに名誉に対する罪で事件が公になることによって被害者の不利益になることもありますので、親告罪（告訴がなければ公訴を提起することができない犯罪）とされています。親告罪とは、通常の犯罪では被害者の意思と無関係に検察官が公訴を提起することができるのに対して、被害者の利益を考慮して被害者のような一定の告訴権者からの告訴がなければ公訴を提起することができないとされている犯罪をいいます。

2 侮辱罪

侮辱罪について刑法第231条は次のように規定しています。

> 刑法第231条
> 　事実を摘示しなくても、公然と人を侮辱した者は、拘留または科料に処する。

(1) 「事実を摘示しなくても」とは、刑法第230条の名誉毀損罪の「公然と事実を摘示し」を受けたもので、事実を指摘しない場合をいいます。
(2) 「公然」とは、不特定または多数の人の知ることのできる状態をいいます。
(3) 「侮辱」とは、他人の人格に対する軽蔑の価値判断を表示することをいいます。例えば、他人に対して「馬鹿野郎」とか「アホ」と言ったり、身体障害者に「めくら」というような場合です。侮辱行為の態様は問いませんから、不作為も場合によっては侮辱となります。侮辱行為によって、相手方が現実に外部的名誉や名誉感情を害されたことは必要としません。

3 名誉毀損罪

名誉毀損罪について刑法第230条は次のように規定しています。

> 刑法第230条
> ①　公然と事実を摘示し、人の名誉を毀損した者は、その事実の有無にかかわらず、3年以下の懲役もしくは禁錮または50万円以下の罰金に処する。
> ②　死者の名誉を毀損した者は、虚偽の事実を摘示することによってした場合でなければ、罰しない。

Q 13 ——公務員が申請窓口で住民をバカ呼ばわりした場合は、どんな犯罪になりますか

例えば、確証もないのに「Aが放火犯」だと町中の人に言ったような場合です。更に、市会議員の名誉を害する目的で虚偽の女性関係を言いふらした場合も本罪が成立します。

(1) 「公然」とは、不特定または多数の人の知ることのできる状態をいいます。

(2) 「事実を摘示し」とは、人の名誉（社会的評価）を低下させるおそれのある事実を指摘することをいいます。指摘する事実は、特定の者の名誉に関する事実でなければならないが、被害者の氏名まで明示する必要はないと解されています。

(3) 「名誉」とは、人の社会的評価（判例のいう人の社会上の地位または価値）を指します。人の社会的評価の対象となるものは、人格における道徳、知能、技量、美醜、健康、身分、家柄その他の社会生活において尊重される一切の性質を含みます。

(4) 「毀損」とは、事実を指摘した人の社会的評価が害される危険を生じさせることをいいます。現実に人の社会的評価が害されたことは必要としません。

(5) 名誉毀損行為が同時に他人の信用を毀損しまたは業務を妨害した場合は、本罪と刑法第233条の信用毀損・業務妨害罪との観念的競合（刑法第54条第1項前段）となります。観念的競合とは、1個の行為が2個以上の罪名に触れる場合をいいます。観念的競合の場合は、その最も重い刑により処断されます。

Q14 公務員が必要もないのに無断で他人の住居に入った場合は、どんな犯罪になりますか

1 住居侵入と不退去

　公務員が必要もないのに無断で他人の住居に入った場合は、刑法第130条前段に規定する住居侵入罪の犯罪が成立します。公務員に職務上の調査目的があった場合でも、同意なしに立ち入る場合は、住居侵入罪が成立しますし、公務員の職権を濫用して無断で立ち入った場合には、刑法第193条に規定する公務員職権濫用罪の犯罪が成立する場合もあります。

　更に、公務員が他人の住居に適法に立ち入った場合でも、退去を要求する権利を有する者から退去をするようにとの要求を受けて退去しなかった場合には、刑法第130条後段に規定する不退去罪の犯罪が成立します。

2 住居侵入罪と不退去罪

　住居侵入罪と不退去罪について刑法第130条は次のように規定しています。

> 刑法第130条
> 　正当な理由がないのに、人の住居もしくは人の看守する邸宅、建造物もしくは艦船に侵入し、または要求を受けたにもかかわらず、これらの場所から退去しなかった者は、3年以下の懲役または10万円以下の罰金に処する。

　例えば、他人の家をのぞき見する目的で、他人の家の庭に侵入した場合です。窃盗の目的で他人の家のベランダに入る行為、冬季閉鎖中の他人の別荘に入る行為も本罪が成立します。

　(1)　「正当な理由がないのに」とは、「違法に」という意味です。当然

のことを特に明記したものです。

(2) 「住居」とは、人の日常生活に用いる場所をいいます。人の起臥(きが)寝食に使用される場所のほか実験室、研究室、事務室、店舗も含まれる場合があります。住居は建物の全体であることは必要ではなく、アパートの一室、下宿の一室も住居となります。

(3) 「人の看守する」とは、他人が事実上、管理・支配していることをいいます。管理人のいる場合のほか、守衛や監視人を置くとか鍵をかけている場合も含まれます。

(4) 「邸宅」とは、住居用に作られた建造物（家屋）とそれに付属する周囲の場所をいいます。住居に使用されている場合は、空室や閉鎖中の別荘も含まれます。

(5) 「建造物」とは、住居と邸宅以外の建造物とそれに付属する周囲の場所をいい、例えば、学校、官公署の庁舎、工場、倉庫、駅舎、神社、寺院などをいいます。

(6) 「艦船」とは、軍艦と船舶をいいます。

(7) 「侵入」とは、居住者や看守者の意思に反して立ち入ることをいいます。従って、居住者や看守者の承諾があった場合は、侵入にはなりません。その承諾は明示であると黙示であるとを問いません。しかし、この承諾は、承諾をした範囲内に限られるので、承諾の範囲外に立ち入ることは侵入となります。

(8) 「要求」とは、要求する権利を有する者のなす要求を意味します。

(9) 「退去しなかった」（不退去）とは、要求を受けて人の住居、人の看守する邸宅・建造物・艦船から退去しなかったこと（不作為）をいいます。本罪は不作為犯ですから、作為義務があるのに作為をしない（不作為）場合に成立します。

Q15 公務員が上司の印鑑を使って文書を作成した場合は、どんな犯罪になりますか

1 文書の偽造

　公務員が上司の印鑑を勝手に使って公文書を作成した場合は、刑法第155条の公文書偽造罪の犯罪が成立します。例えば、公務員の係長が上司の課長の印鑑を勝手に使って課長に決裁権限のある公文書を作成したような場合です。この場合には有印公文書偽造罪が成立し、本罪は非公務員が犯すことができることは言うまでもありませんが、公務員もその公文書の作成権限のある他人名義の公文書を作成した場合に偽造罪が成立します。

　文書の偽造とは、作成権限のない者が他人名義の文書を作成することをいいます。作成権限のない者が他人名義の文書を偽造することを「有形偽造」といい、作成権限のある者が内容虚偽の文書を作成することを「無形偽造」といいます。例えば、他人の名義の領収書を作成する場合は有形偽造となり、領収書を作成する権限のある者（受領した者）がウソの内容（例えば、5万円受領したのに10万円受領したとするウソの内容）の領収書を作成する場合が、無形偽造となります。営業マンがスナックのママに5万円しか支払わないのに10万円の領収書を書いてもらう場合は無形偽造です。

　偽造の方法には制限はないので、他人の印鑑を勝手に使って新たな公文書を作成する場合のほか、既存の公文書の作成名義人を改ざんする場合があります。文書にたとえ真実が記載されていても偽造となります。

　作成名義人の承諾がある場合は、文書偽造罪の犯罪構成要件（犯罪の定型として法律に規定された犯罪が成立するための要件）に該当しないので、犯罪は成立しません。作成名義人の承諾によって作成した文書は、作成名義人を偽った文書ではなく、作成名義人の真正の文書だからです。ただ、作成名義人の承諾は適法になされる必要があります。

2　公文書偽造罪

公文書偽造罪について刑法第 155 条は次のように規定しています。

> 刑法第 155 条
> ①　行使の目的で、公務所もしくは公務員の印章もしくは署名を使用して公務所もしくは公務員の作成すべき文書もしくは図画を偽造し、または偽造した公務所もしくは公務員の印章もしくは署名を使用して公務所もしくは公務員の作成すべき文書もしくは図画を偽造した者は、1 年以上 10 年以下の懲役に処する。
> ②　公務所または公務員が押印しまたは署名した文書または図画を変造した者も、前項と同様とする。
> ③　前 2 項に規定するもののほか、公務所もしくは公務員の作成すべき文書もしくは図画を偽造し、または公務所もしくは公務員の作成した文書もしくは図画を変造した者は、3 年以下の懲役または 20 万円以下の罰金に処する。

(1)　①の第 1 項の前段は、公務所・公務員の印章・署名を使用して文書・図画を偽造した場合を規定しています。

　①の第 1 項の後段は、偽造した公務所・公務員の印章・署名を使用して文書・図画を偽造した場合を規定しています。

　②の第 2 項は、公務所・公務員の押印・署名した文書・図画を変造した場合を規定しています。

　③の第 3 項の前段は、印章・署名を使用しないで公務所・公務員の作成すべき文書・図画を偽造した場合を規定しています。

　③の第 3 項の後段は、印章・署名を使用しないで公務所・公務員の作成した文書・図画を変造した場合を規定しています。

(2)　「行使の目的」とは、その偽造文書を真実・真正のものとして使用する目的をいいます。

(3) 「公務所」とは、官公庁その他公務員が職務を行う所(場所ではなく組織体)をいいます。
(4) 「公務員」とは、国や地方公共団体の職員その他法令により公務に従事する議員、委員、職員をいいます。
(5) 「印章」とは、公務所・公務員の印鑑(印顆)を押して得られる印影(いんえい)とその印鑑そのもの(物体)をいいます。公務上使用される印章で、職印か私印かを問いません。拇印(ぼいん)も含まれます。
(6) 「署名」とは、公務所・公務員が自分を表示するための氏名、氏その他の称呼を自署(じしょ)(サイン)したものや記名(自署以外の方法で氏名などを記すこと)したものをいいます。
(7) 「使用」とは、公務所・公務員の真正の印章を不正に押印し、または正当に押印もしくは表示された印章・署名を不正に使用することをいいます。
(8) 「偽造」とは、作成権限がないのに他人名義の文書・図画を作成すること(有形偽造)をいいます。
(9) 「変造」とは、真正に作成された他人名義の文書・図画に権限なく変更を加えることをいいます。

Q16 公務員が住民の倒産のウソの噂を流した場合は、どんな犯罪になりますか

1　ウソの噂の流布

　公務員が住民の倒産のウソの噂を流した場合は、刑法第233条前段の信用毀損罪の犯罪が成立します。倒産のウソの噂を流して住民の自営業の業務を妨害した場合は、刑法第233条後段の業務妨害罪の犯罪が成立します。刑法第233条の犯罪は、ウソの噂を世間に流し、または偽計（計略）を使って、他人の財産上の信用を害し、もしくはその業務を妨害する犯罪をいいます。

(1)　信用毀損罪（刑法第233条前段）における信用とは、人の経済面における社会的評価（財産的地位に関する評価）、つまり、支払能力または支払意思に対する社会的信用を意味します。

(2)　業務妨害罪（刑法第233条後段）における業務とは、その人の社会上の地位において継続的に従事する仕事をいいます。例えば、判例では、新聞経営、浴場経営、農業などがあります。

2　信用毀損罪・業務妨害罪

　信用毀損罪・業務妨害罪について刑法第233条は次のように規定しています。

> 刑法第233条
> 　虚偽の風説を流布しまたは偽計を用いて、人の信用を毀損しまたはその業務を妨害した者は、3年以下の懲役または50万円以下の罰金に処する。

(1)　「虚偽の風説を流布し」とは、虚偽の事実を不特定または多数の

者に広く伝えることをいいます。例えば、A店は脱税しているとか、B店の野菜は有害農薬を使用しているといった虚偽の事実を団地の住民に言いふらすような場合です。虚偽の事実は犯人自ら捏造した事実に限られません。犯人自らが直接不特定または多数の者に告知する必要はありません。

(2) 「偽計を用いて」とは、他人の錯誤や不知を利用し、または誘惑その他の陰険な手段を用いることをいいます。例えば、漁場の海底に障害物を沈めて漁獲を不可能とした場合です。

(3) 「人の信用を毀損し」の「人」とは、自然人（人間）のほか会社のような法人も含まれます。「信用を毀損し」とは、人の支払能力または支払意思に関する他人の信頼（評価）を失墜させるおそれのある行為をすることをいいます。

(4) 「業務」とは、人の社会上の地位において継続的に従事する仕事をいいます。

(5) 「虚偽の風説を流布し」かつ「偽計を用いて」人の信用を毀損した場合は、包括して信用毀損罪の一罪が成立します。一個の行為が信用を毀損すると同時に業務を妨害する場合は、単一の本罪（刑法第233条）が成立します。

(6) 　刑法第234条は「威力を用いて人の業務を妨害した者」も刑法第233条（業務妨害罪）の例によると規定しています。「威力を用いて」とは、人の自由意思を抑圧するに足りる勢力を示すことをいいます。暴行・脅迫はもちろん、地位、権勢を利用する場合も含まれます。

Q 16 ──公務員が住民の倒産のウソの噂を流した場合は、どんな犯罪になりますか

Q17 公務員がニセの公印を作ったり使った場合は、どんな犯罪になりますか

1 ニセの公印

　公務員がニセの公印を作ったり使った場合は、刑法第165条に規定する公印偽造罪・公印不正使用罪の犯罪が成立します。ニセの公印を作ったり使って公文書を偽造した場合は、刑法第155条の公文書偽造罪の犯罪が成立します。例えば、判例では、選挙管理委員会が選挙運動用のポスターに押印する検印の偽造は本罪にあたるとしています。

　公印偽造罪の公印とは、公務所または公務員の印章（公務上使用される印章）もしくは署名をいいます。公務上使用される印章は、職印であると私印であるとを問いません。

　「印章」とは、公務所・公務員の印鑑（印顆）を押して得られる印影とその印鑑そのもの（印顆）をいいます。「署名」とは、公務所・公務員が自分を表示するための氏名、氏その他の称呼を自署（サイン）したものや記名（自署以外の方法で氏名などを記すこと）したものをいいます。

　刑法第165条第2項（公印等不正使用罪）は、「公務所もしくは公務員の印章もしくは署名を不正に使用し、または偽造した公務所もしくは公務員の印章もしくは署名を使用した者も、前項と同様とする」と規定しています。

2 公印等偽造罪・公印等不正使用罪

　公印等偽造罪・公印等不正使用罪について刑法第165条は次のように規定しています。

> 刑法第165条
> ① 行使の目的で、公務所または公務員の印章または署名を偽造

> した者は、3月以上5年以下の懲役に処する。
> ②　公務所もしくは公務員の印章もしくは署名を不正に使用し、または偽造した公務所もしくは公務員の印章もしくは署名を使用した者も、前項と同様とする。

(1) 「行使の目的」の「行使」とは、第2項の「使用」と同じ意味です。自分で使用する場合のほか、他人に使用させる目的の場合も含まれます。
(2) 「公務所」「公務員」の意味についてはQ15の2で述べた通りです。「印章」「署名」の意味について上記1に述べた通りです。
(3) 「偽造」とは、権限がないのに印章（印顆）を作成しまたは印影や署名を物体に表示することをいいます。その方法は問いません。
(4) 印章・署名の「使用」とは、権限がないのに印章（印顆）を押印したり、印影や署名を文書の一部として利用することをいいます。「偽造した印章・署名の使用」とは、物体に不真正に表示された印影・署名を真正の印影・署名として他人に対して使用することをいいます。
(5) 印章・署名を偽造し、かつ、使用したときは、印章偽造罪と印章不正使用罪の牽連犯（犯罪の手段または結果である行為が他の罪名に触れる場合：刑法第54条第1項後段参照）となります。牽連犯とされる場合は、その最も重い刑により処断されます。
(6) 印章・署名の偽造や不正使用が公文書偽造（刑法第155条）の手段として行われた場合は、それらの行為は公文書偽造罪に包含され、別罪は構成しません。

Q18 公務員が裁判所でウソの証言をした場合は、どんな犯罪になりますか

1 ウソの証言

　公務員が裁判所でウソの証言をした場合は、刑法第169条に規定する偽証罪の犯罪が成立します。ウソの証言とは、証人（当事者以外の第三者である陳述者）が自分の記憶に反することを知りながら証言（陳述）をすることをいいます。従って、自分の記憶に反する証言が、たまたま客観的真実に合致していても偽証罪が成立します。自分の記憶に従って証言をした場合は、その証言内容が客観的真実に反していても偽証罪は成立しないのです。民事訴訟の当事者（原告や被告）、刑事被告人の虚偽の陳述には本罪は成立しません。

　自治体が国家賠償請求訴訟などで被告となる場合は多いのですが、その場合に担当の公務員が証人として出頭を求められる場合があります。公務員に限らず、日本の裁判権に服する者は、すべて証言をなす義務を負います。証人の義務として、①出頭義務（法廷に出頭をする義務）、②宣誓義務（尋問された事項について良心に従って真実を述べる義務）、③証言義務があります。宣誓は、宣誓書の「良心に従って真実を述べ、何事も隠さず、また、何事も付け加えないことを誓います。氏名○○○○」との記載を読み上げて押印をします。このような法律に基づく宣誓をした証人が虚偽の陳述をした場合に、偽証罪が成立するのです。

2 偽証罪

　偽証罪について刑法第169条は次のように規定しています。

> **刑法第169条**
> 　法律により宣誓した証人が虚偽の陳述をしたときは、3月以上

> 10年以下の懲役に処する。

(1) 「法律により」とは、法律に根拠があることをいいます。主に民事訴訟事件や刑事訴訟事件で行われます。
(2) 「宣誓」とは、法律の規定に従って真実を述べることを誓うことをいいます。
(3) 「証人」とは、過去の事実や状態について自分の認識した内容を法廷において陳述するよう命じられた第三者をいいます。
(4) 「虚偽」とは、証人の陳述の内容が証人の記憶に反することをいいます。
(5) 自白による刑の減免として、刑法第170条は「前条の罪を犯した者が、その証言をした事件について、その裁判が確定する前に自白したときは、その刑を減軽し、または免除することができる」と規定しています。

Q19 公務員が公用車の運転中に人身事故を起こした場合は、どんな犯罪になりますか

1 公用車の運転中の事故

　公務員が公用車の運転中に過失により人身事故を起こして人を死傷させた場合は、刑法第211条前段の業務上過失致死傷罪の犯罪が成立します。公用車の運転（公務）は、本罪の「業務」にあたります。危険運転により人を死傷させた場合は刑法第208条の2の危険運転致死傷罪の犯罪が成立します。

　「業務上の過失」が、通常の過失に比べて重く罰せられる理由について、判例は、業務者には通常人と異なった特別に高度の注意義務が課せられており、これに違反するところに重い責任が帰せられると解しています。タクシーやトラック運転手にも適用されます。この場合の「業務」とは、人がその社会生活上の地位に基づき継続反復して従事するもので、他人の身体・生命に危険を加えるおそれのある仕事を意味します。公務員が公用車の運転をする行為は「業務」となります。

　自動車の運転で他人を死傷させた場合に酒酔い運転・免許証不携帯などの道路交通法違反があった場合には、業務上過失致死傷罪と道路交通法違反罪とは、併合罪の規定（刑法第45条以下）により処断されます。例えば、2個以上の有期懲役に処すべき罪がある場合は、その最も重い罪について定めた刑の長期（法定の刑の最大限）の1倍半を限度として刑を科します。

2 業務上過失致死傷罪・重過失致死傷罪

　業務上過失致死傷罪・重過失致死傷罪について刑法第211条は次のように規定しています。

刑法第211条

> ① 業務上必要な注意を怠り、よって人を死傷させた者は、5年以下の懲役もしくは禁錮または50万円以下の罰金に処する。重大な過失により人を死傷させた者も、同様とする。
> ② 自動車を運転して前項前段の罪を犯した者は、傷害が軽いときは、情状によりその刑を免除することができる。

(1) 「業務」とは、上述したとおり、①人の社会生活上の地位に基づくこと、②継続・反復して従事すること（反復・継続性）、③他人の身体・生命に危険を加えるおそれのあること（業務の危険性）の3要件を満たすものを意味します。

(2) 「業務上必要な注意を怠り」とは、その業務を行う際に具体的に要求される注意義務に違反することをいいます。

(3) 1個の業務上過失行為（例えば、自動車事故）によって、同時に複数の者を死傷させた場合は、本罪の観念的競合（1個の行為が2個以上の罪名にふれる場合に最も重い刑により処断すること）となります。

(4) 「重大な過失」とは、注意義務違反の程度が著しい場合をいいます。例えば、無免許者が飲酒酩酊して自動車を運転し雑踏に乗り入れて前方不注意で死傷させたような場合です。

(5) 本条第2項は、自動車の普及により国民の誰もが業務上過失致死傷罪（本条第1項前段）の犯罪を犯しかねない状況になっていることから平成13年の刑法改正で新設されたものです。

3 危険運転致死傷罪

平成13年の刑法改正で新設された危険運転致死傷罪について刑法第208条の2は次のように規定しています。

> 刑法第208条の2
> ① アルコールまたは薬物の影響により正常な運転が困難な状態

> で四輪以上の自動車を走行させ、よって、人を負傷させた者は15年以下の懲役に処し、人を死亡させた者は1年以上の有期懲役に処する。その進行を制御することが困難な高速度で、またはその進行を制御する技能を有しないで四輪以上の自動車を走行させ、よって人を死傷させた者も、同様とする。
> ②　人または車の通行を妨害する目的で、走行中の自動車の直前に進入し、その他通行中の人または車に著しく接近し、かつ、重大な交通の危険を生じさせる速度で四輪以上の自動車を運転し、よって人を死傷させた者も、前項と同様とする。赤色信号またはこれに相当する信号を殊更に無視し、かつ、重大な交通の危険を生じさせる速度で四輪以上の自動車を運転し、よって人を死傷させた者も、同様とする。

(1)　本罪は、飲酒運転や無謀な高速度運転などによる悪質・重大な交通事故が多発していることから、故意に危険運転行為を行う者は、過失犯というより傷害罪・傷害致死罪に準じた犯罪と見られるので、平成13年の刑法改正で「傷害の罪」の章の中に新設された犯罪です。業務上過失傷害罪が「過失傷害の罪」の章の中に規定されているのとは異なるのです。

(2)　本罪は、次の5種類の犯罪類型を規定しています。
　①　酩酊運転致死傷罪（アルコールまたは薬物の影響による場合）
　②　制御困難運転致死傷罪（制御困難な高速度運転による場合）
　③　未熟運転致死傷罪（制御する技能を有しない運転による場合）
　④　妨害運転致死傷罪（人や車の通行を妨害する危険運転による場合）
　⑤　信号無視運転致死傷罪（赤信号無視などの危険運転による場合）
　　本罪が成立する場合には、道路交通法に規定する危険運転行為は本罪に取り込まれているので別に道路交通法違反罪は成立しません。

Q20 公務員が職務上知り得た秘密を漏らした場合は、どんな犯罪になりますか

1 職務上知り得た秘密

　公務員が「職務上知り得た秘密」を漏らした場合は、地方公務員法第34条の規定に違反する犯罪となります。公務員の守秘義務は、地方公務員法第34条第1項後段に「その職を退いた後も、また、同様とする」と規定していますから、秘密の性質によっては退職後も守秘義務を負うことになります。

　この場合の「秘密」とは、一般的に了知（了解承知されていること）されていない事実であって、それを一般に了知させることが一定の利益の侵害になると客観的に考えられるものをいいます。何が秘密に該当するかは、個々の事実について一定の保護されるべき利益を有するか否かの判断になりますが、一般的に言って秘密であることを明示している文書は職務上の秘密であると言えます。しかし、将来の公務員試験問題のように一定の期間内に限って秘密とされるものもあります。

　公務員が守秘義務を負う秘密には、①地方公務員法第34条第1項に規定された「職務上知り得た秘密」と、②地方公務員法第34条第2項に規定する「職務上の秘密」とがあります。①「職務上知り得た秘密」とは、例えば、市立中学校の教師が、生徒の家庭を訪問した際に知った家庭の秘密（事情）をいいます。②「職務上の秘密」とは、例えば、税務職員が職務で保管する滞納整理簿に記載されている特定個人の滞納額をいいます。「職務上の秘密」とは、公務員が保有している自己の所管事項に関する秘密をいいますから、「職務上知り得た秘密」の範囲よりも職務に限定されているので、その範囲が狭くなります。「職務上の秘密」は、「職務上知り得た秘密」の一部分であるといえます。職務上の秘密について証人として法廷で証言する場合は、任命権者（知事や市町村長など）の許可が必要です。

2　公務員の守秘義務違反罪

　公務員の守秘義務違反罪について地方公務員法第34条および同法第60条第2号は次のように規定しています。

> 地方公務員法第34条
> ①　職員は、職務上知り得た秘密を漏らしてはならない。その職を退いた後も、また、同様とする。
> ②　法令による証人、鑑定人等となり、職務上の秘密に属する事項を発表する場合においては、任命権者（退職者については、その退職した職またはこれに相当する職に係る任命権者）の許可を受けなければならない。
> ③　前項の許可は、法律に特別の定めがある場合を除く外、拒むことができない。

> 地方公務員法第60条
> 　左の各号の一に該当する者は、1年以下の懲役または3万円以下の罰金に処する。
> 一　　　（省略）
> 二　第34条第1項または第2項の規定に違反して秘密を漏らした者

(1)　地方公務員法第34条第1項の「職務上知り得た秘密」と同条第2項の「職務上の秘密」との相違は上記1の通りですが、いずれも、公的秘密（例えば、ほかの公務員の保管する秘密公文書）と私的秘密（例えば、人事の記録）を含みます。

(2)　「職務上知り得た秘密」とは、職務の執行上で知り得た秘密を意味しますから、職務とは無関係に見聞した事実は「職務上知り得た秘密」になりません。

Q21
警察官が違法な逮捕に際してケガをさせた場合は、どんな犯罪になりますか

1 警察官の違法な逮捕

警察官が違法な逮捕に際してケガをさせた場合は、刑法第196条の特別公務員職権濫用致傷罪の犯罪が成立します。

(1) 警察・検察・裁判の職務を行う者またはこれらの職務を補助する者が、その職権を濫用して、人を逮捕しまたは監禁したときは、刑法第194条に規定する特別公務員職権濫用罪の犯罪が成立しますが、この罪を犯すことにより人を死傷させた場合は、刑法第196条の特別公務員職権濫用致死傷罪の犯罪が成立します。

(2) 警察・検察・裁判の職務を行う者またはこれらの職務を補助する者が、その職務を行うに当たり、被告人、被疑者その他の者に対して暴行または陵辱（辱めること）もしくは加虐（虐待を加えること）の行為をしたときは、刑法第195条に規定する特別公務員暴行凌虐罪の犯罪が犯罪が成立しますが、この罪を犯すことにより人を死傷させた場合は、刑法第196条の特別公務員職権濫用致死傷罪の犯罪が成立します。

2 特別公務員職権濫用罪

特別公務員職権濫用罪について刑法第194条は次のように規定しています。

> 刑法第194条
> 　裁判、検察もしくは警察の職務を行う者またはこれらの職務を補助する者が、その職権を濫用して、人を逮捕しまたは監禁したときは、6月以上10年以下の懲役または禁錮に処する。

(1) 「裁判、検察もしくは警察の職務を行う者」とは、裁判官、検察官、司法警察員（一定の階級以上の司法警察職員）をいいます。これらの者は、その職務の性質上、直接に人権を侵害することとなりやすいので、特に設けられた規定です。
(2) 「これらの職務を補助する者」とは、裁判所書記官、検察事務官、司法巡査（司法警察職員の司法警察員以外の者）をいいます。
(3) 本罪の主体は「裁判、検察もしくは警察の職務を行う者またはこれらの職務を補助する者」の身分を有する者に限られます。身分犯です。
(3) 「その職権を濫用して」とは、職務上の正当な権限の範囲を超えて不当な行為をすることをいいます。
(4) 「逮捕」とは、人の身体活動の自由を奪い、ある程度継続的に拘束する行為をいいます。適法な逮捕には、①裁判官の許可を得た逮捕状による通常逮捕、②現行犯逮捕、③一定の犯罪で緊急を要する場合の緊急逮捕があります。
(5) 「監禁」とは、人を一定の場所から脱出できないようにする行為をいいます。
(6) 職務と無関係に逮捕・監禁した場合は、本罪ではなく刑法第220条の逮捕・監禁罪が成立します。
(7) 判例は、警察官が旅館の中で参考人を取調中に、その参考人が退去しようとするのを背後から腕や腰を強くつかんで室内に引き入れて執拗に質問を続け、同人を退去できないようにした場合は、本罪が成立するとしています。

3　特別公務員暴行陵虐罪

特別公務員暴行陵虐罪について刑法第195条は次のように規定しています。

> 刑法第195条
> ① 裁判、検察もしくは警察の職務を行う者またはこれらの職務を補助する者が、その職務を行うに当たり、被告人、被疑者その他の者に対して暴行または陵辱(りょうじょく)もしくは加虐(かぎゃく)の行為をしたときは、7年以下の懲役または禁錮に処する。
> ② 法令により拘禁された者を看守しまたは護送する者がその拘禁された者に対して暴行または陵辱もしくは加虐の行為をしたときも、前項と同様とする。

(1) 本罪の主体は、①裁判、検察もしくは警察の職務を行う者、②これらの職務を補助する者、③法令により拘禁された者を看守しまたは護送する者に限られます(身分犯)。
(2) 「その他の者」とは、参考人、証人その他の取り調べの対象となる者をいいます。
(3) 「暴行」とは、人に対する有形力の行使をいいます。
(4) 「陵辱もしくは加虐の行為」とは、暴行以外の方法で精神的または身体的に辱(はずかし)めを与え、苛(いじ)め苦しめる虐待行為をいいます。例えば、睡眠を妨げる、全裸にする、飲食物を与えない、猥褻(わいせつ)行為をするなどの行為をいいます。

4 特別公務員職権濫用致死傷罪

特別公務員職権濫用致死傷罪について刑法第196条は次のように規定しています。特別公務員職権濫用罪(刑法第194条)、特別公務員暴行陵辱罪(刑法第195条)の犯罪行為により死傷させた場合の特別規定です。

> 刑法第196条
> 前2条の罪を犯し、よって人を死傷させた者は、傷害の罪と比較して、重い刑により処断する。

Q 21 ——警察官が違法な逮捕に際してケガをさせた場合は、どんな犯罪になりますか

(1) 「傷害の罪と比較して、重い刑により処断する」とは、法定刑（法律に定めている刑）の上限も下限もともに傷害の罪と比較して、それぞれ重いほうに従って処断することを意味します。
(2) 傷害の結果を生じたときは刑法第204条（傷害罪）と比較し、致死の結果を生じたときは刑法第205条（傷害致死罪）と比較します。

Q22 教師が児童に体罰を加えてケガをさせた場合は、どんな犯罪になりますか

1 教師の体罰

教師が児童に体罰を加えてケガをさせた場合（例えば、骨折、出血）は、刑法第204条に規定する傷害罪の犯罪が成立します。児童に体罰を加えてケガをさせた結果、児童が死亡した場合は、刑法第205条に規定する傷害致死罪の犯罪が成立します。

学校教育法第11条では、「校長および教員は、教育上必要があると認めるときは、文部科学大臣の定めるところにより、学生、生徒及び児童に懲戒を加えることができる。ただし、体罰を加えることはできない。」と規定して、体罰は懲戒行為には含まれないとし、体罰を明文の規定によって禁止しています。

「体罰」とは、人体に対する有形力（物理的な力）の不法な行使をいいます。暴行を加えて傷害するに至らなかった場合は刑法第208条の暴行罪の犯罪が成立しますが、暴行によって人の身体を傷害するに至った場合は、刑法第204条の傷害罪が成立します。更に、人の身体を傷害し死亡させた場合は、刑法第205条に規定する傷害致死罪の犯罪が成立します。

2 傷害罪

傷害罪について刑法第204条は次のように規定しています。

> **刑法第204条**
> 人の身体を傷害した者は、15年以下の懲役または50万円以下の罰金に処する。

(1) 「傷害」とは、人の生理的機能を害すること（例えば、骨折、出血）

と身体の外貌に重大な変化を加えること（例えば、女性の頭髪全部を切り取る場合）をいいます。
(2) 傷害行為は、有形的方法（暴行）・無形的方法（強度の恐怖感を与える場合）とを問いません。

3 傷害致死罪

傷害致死罪について刑法第205条は次のように規定しています。

> 刑法第205条
>   身体を傷害し、よって人を死亡させた者は、3年以上の有期懲役に処する。

(1) 本罪の成立には、傷害行為（暴行による傷害など）と被害者の死亡の結果との間に因果関係があることが必要です。
(2) 被害者の死亡するであろうことを予見して傷害行為に及んだときは殺人罪（刑法第199条）を構成します。

4 暴行罪

暴行罪について刑法第208条は次のように規定しています。

> 刑法第208条
>   暴行を加えた者が人を傷害するに至らなかったときは、2年以下の懲役もしくは30万円以下の罰金または拘留もしくは科料に処する。

(1) 「暴行」とは、人の身体に対する不法な有形力（物理的な力）の行使をいいます。例えば、肩を押して転倒させる、顔面をなぐる、走行中の自動車へ石を投げるといった行為があります。
(2) 暴行は、人の身体に対して加えられれば足り、必ずしも身体に接

触する必要はありません。

　例えば、人に石を投げつければ、石が身体に接触しなくても暴行になります。

第2章●
公務員の刑事責任の追及の仕方は、どうするのですか

Q23 告訴・告発とは、どういうことですか

1 告訴状と告発状

「告訴」とは、犯罪の被害者その他の告訴権を有する者が、捜査機関（検察官や司法警察員）に対して犯罪事実を申告して犯人の処罰を求める意思表示をいいます。「告発」とは、犯人と告訴権を有する者以外の者が捜査機関（検察官や司法警察員）に対して犯罪事実を申告して犯人の処罰を求める意思表示をいいます。両者の相違は、①告発は告訴権を有しない者でも誰でも犯罪があると思う場合はできるのに対して、②告訴は告訴権を有する者に限られます。

告訴や告発をする場合には、一般に「告訴状」または「告発状」という書面を捜査機関へ提出します。告訴状や告発状を作成することができない場合は、口頭で告訴または告発をすることができますが、その場合には捜査機関において調書（ちょうしょ）を作成します（刑事訴訟法第241条）。この場合の捜査機関とは検察官と司法警察員をいいます。検察官とは、刑事事件の捜査や公訴の提起（起訴）をする権限を有する公務員をいいます。司法警察員とは、捜査の主体となる司法警察職員のうち司法巡査以外の者をいいます。司法警察員と司法巡査の総称を司法警察職員といいますが、司法警察員とは、概ね巡査部長以上の階級にある者をいいます。

2 告訴権を有する者の範囲

告訴権を有する者の範囲は、次のように定められています（刑事訴訟法第230条～第233条）。

① 被害者（犯罪により直接被害を被った者）
② 被害者の法定代理人（親権者、成年後見人など）
③ 被害者が死亡した場合の配偶者、直系の親族、兄弟姉妹（ただし、

被害者が告訴をしない意思を明示していた場合は、告訴はできません）

④ 被害者の法定代理人が被疑者であるとき（例えば、未成年の被害者の父が被疑者である場合）、被疑者の配偶者（夫または妻）であるとき、または被疑者の4親等内の血族もしくは3親等内の姻族であるときは、被害者の親族

⑤ 死者の名誉を毀損した罪については、死者の親族または子孫

⑥ 名誉毀損罪について被害者が告訴をしないで死亡したときは、死者の親族または子孫（ただし、被害者が告訴をしない意思を明示していた場合は、告訴はできません）

3 告発

告発については、刑事訴訟法第239条で次のように規定しています。

> 刑事訴訟法第239条
> ① 何人でも、犯罪があると思料（しりょう）するときは、告発をすることができる。
> ② 官吏または公吏は、その職務を行うことにより犯罪があると思料するときは、告発をしなければならない。

(1) ①の第1項は、「何人でも」とされていますから、自然人（人間のこと）に限らず、会社のような法人、法人でない団体も告発をすることができます。告発とは、(a)告訴権者、(b)犯人、(c)捜査機関の3者以外の第三者が犯罪事実を申告して犯人の処罰を求める意思表示をいいます。誰でも、犯罪があると思うときは、告発をすることができるのです。

(2) ②の第2項は、官吏（国家公務員）や公吏（地方公務員）には、一般国民とは異なり、その職務を行うことにより犯罪があると思うときは、告発をする義務があるのです。この告発義務は、法律上の

義務ですから、刑事訴訟法第239条第2項に規定する告発義務に違反した場合は、地方公務員法第32条に規定する法令を守るべき義務違反となります。地方公務員法第32条は、公務員は、その職務を行うにあたっては、法令に忠実に従う義務があると規定しています。

4 親告罪

　告訴も告発も捜査機関に対して犯罪事実を申告して犯人の処罰を求める意思表示をすることですが、告訴と告発を区別する理由は、告訴権者からの適法な告訴がなければ公訴を提起することができない犯罪（親告罪といいます）において告訴が重要な条件になっているからです。例えば、強姦罪（刑法第177条）、過失傷害罪（刑法第209条）、名誉毀損罪（刑法第230条）は親告罪とされています。

　親告罪とは、犯罪の成立が明白であっても、告訴権者からの適法な告訴がなければ公訴を提起することができない犯罪をいいますが、親告罪とする犯罪には刑法その他の刑罰法規に明文の規定を置いています。親告罪の制度を定めた理由には、①被害者の名誉・秘密の保護、②事件の軽微さ、③家庭内の関係の尊重があげられています。①については、例えば、強姦罪（刑法第177条）、名誉毀損罪（刑法第230条）があり、②については、例えば、過失傷害罪（刑法第209条）、器物損壊罪（刑法第261条）があります。③については、例えば、配偶者、直系親族または同居の親族の間の窃盗罪・不動産侵奪罪（刑法第244条）があります。

Q24 告訴・告発の仕方は、どのようにするのですか

1 告訴状と告発状

　告訴や告発をしようする場合は、一般に「告訴状」または「告発状」という書面を捜査機関（検察官または司法警察員）へ提出する必要があります。刑事訴訟法第241条第2項には「検察官または司法警察員は、口頭による告訴または告発を受けたときは、調書を作らなければならない」と規定していますが、実務上は告訴人または告発人が告訴状または告発状を作成して捜査機関へ提出しています。

　告訴状や告発状の書き方は決まっていませんが、実務上は、パソコンやワープロを使用する場合は裁判所に提出する書面と同様に次の書式によってA4サイズに横書き・片面印刷で作成しています。手書きにする場合も次のような余白を取ります。

1行	37文字	上部余白	35mm
1頁の行数	26行	下部余白	27mm
文字サイズ	12ポイント	左側余白	30mm
		右側余白	15mm

　告訴状・告発状は片面印刷で作成し、左側2か所をホチキスで綴じますが、中央付近は綴じ穴のために最低9cmは空けておきます。各頁の下部には、－1－、－2－のような頁数を付けておきます。2枚以上になった場合は、各綴り目に告訴人・告発人の認め印で契印（割り印）をしておきます。

2 告訴状・告発状の書き方

　告訴状・告発状の書式は決まっていませんが、実務上は次例のような書

式で作成されています。次例の告訴状は、市の公務員が国土調査の「地籍調査票」に現地調査の住民の立ち会いもさせずに公務員が地籍調査票を偽造し行使した例です。

告訴状

平成○年○月○日

○県○○警察署長　殿

　　　　　　　　　　　　　　告訴人　　　○○○○（印）
　　告訴人　　住所　○県○市○町○丁目○番○号
　　　　　　　氏名　○○○○
　　　　　　　　　　（生年月日　昭和○年○月○日生）
　　　　　　　職業　会社役員
　　　　　　　電話　000-000-0000
　　被告訴人　住所　○県○市○町○丁目○番○号
　　　　　　　氏名　○○○○
　　　　　　　職業　○市の公務員（○課勤務）

第1　告訴の趣旨
　上記の被告訴人には、下記第2の告訴事実記載の通り、刑法第159条第1項（有印私文書偽造罪）及び刑法第161条第1項（偽造有印私文書行使罪）の各犯罪を犯したと疑うに足りる相当の事由があると思料するので、当該被告訴人の厳重な処罰を求めるため告訴をする。

第2　告訴事実
　1　上記の被告訴人（○県○市の平成○年○月当時の国土調査の地籍調査の担当職員）は、平成○年○月頃、○市が実施した国土調査法に基づく地籍調査の筆界確認のための現地調査の公務を執行するに際して、現地調査の立ち会いもしていない本件告訴人○○○○があたかも現地調査の立ち会いをしたかのように「地籍調査票」の「立会人署名」欄に虚偽の署名及び押印をして

本件告訴人名義の「地籍調査票」を偽造し、更に、偽造した本件告訴人名義の「地籍調査票」を行使して○市○地区の地籍図原図（地図）及び地籍簿を作成して○県知事に提出したのである（立証方法1ないし3）。
2　上記の被告訴人が偽造し及び行使した「地籍調査票」は、本件告訴人が○市個人情報保護条例に基づいて開示請求をして、平成○年○月○日に写しの交付を受けたものである。上記の被告訴人が偽造し及び行使した「地籍調査票」は、次の通りである（立証方法1ないし3）。
⑴　○市○町字○○1234番の地籍調査票には、現地調査の立ち会いをしていない本件告訴人の氏名を現地調査の「立会人署名」欄に虚偽の署名をしたうえ、虚偽の作成年月日を記載して、本件告訴人の虚偽の印鑑を押印している（立証方法1）。
⑵　○市○町字○○4567番の地籍調査票には、現地調査の立ち会いをしていない本件告訴人の氏名を現地調査の「立会人署名」欄に虚偽の署名をしたうえ、虚偽の作成年月日を記載して、本件告訴人の虚偽の印鑑を押印している（立証方法2）。
⑶　○市○町字○○2468番の地籍調査票には、現地調査の立ち会いをしていない本件告訴人の氏名を現地調査の「立会人署名」欄に虚偽の署名をしたうえ、虚偽の作成年月日を記載して、本件告告訴人の虚偽の印鑑を押印している（立証方法3）。

第3　立証方法
1　○市○町字○○1234番の地籍調査票
2　○市○町字○○4567番の地籍調査票
3　○市○町字○○2468番の地籍調査票

第4　添付書類

```
    上記立証方法の１ないし３の写し            各１通
以上
```

(1) 書面の表題は「告訴状」とします。
(2) 告訴状の右上には提出年月日または作成年月日を記載します。
(3) 告訴状の宛て先は、原則として犯人の住所地の警察署長とします。複雑な事件や議員を被告訴人とする場合は、犯人の住所地の地方検察庁の検事正（地方検察庁の長）とします。宛先の指名は不要です。
(4) 告訴人の氏名を表示して押印（認め印でよい）をします。
(5) 告訴人の住所、氏名、職業、連絡先電話番号を記載します。
(6) 被告訴人を特定するために住所、氏名、職業などを分かる範囲で記載します。被告訴人の氏名が分からない場合は、次例のように「氏名不詳」として分かる範囲の情報を記載します。

> 被告訴人　氏名不詳（○市の公務員。平成○年○月当時の国土調査の地籍調査の担当職員）

(7) 「告訴の趣旨」欄には、告訴の結論として法律名と条項を記載して、被告訴人の厳重な処罰を求める意思表示を明確に記載する必要があります。
(8) 「告訴事実（犯罪事実）」欄には、その犯罪事実に関する次の事項のうち分かるものを分かる範囲で詳細に記載します。

> ① いつ（犯行の日時）
> ② どこで（犯行の場所）
> ③ 誰が（犯人は誰か）
> ④ 何を、誰に対して（犯罪の対象や相手方）
> ⑤ どんな方法で（犯罪の方法や態様）
> ⑥ なぜ（犯罪の動機や原因）

⑦　どんな行為を（犯罪行為とその結果）
⑧　誰と（共犯者）

(9)　「立証方法」欄には、物的証拠（文書、物、場所）や人的証拠（目撃者その他の参考人）を具体的に記載します。証拠の文書は作成年月日・作成者・表題を分かる範囲で記載します。目撃者その他の参考人がいる場合は、「参考人　〇市〇町〇丁目〇番〇号、〇〇〇〇、連絡先電話番号 000-000-0000」のように分かる範囲で記載します。
(10)　添付書類には、必ず書類の写しを添付します。原本を添付した場合は返還を求めるのが困難になります。
(11)　告訴状の提出は、捜査機関が受け取らないなどのトラブルを回避するために郵送をするのが無難です。郵送は配達記録郵便か簡易書留郵便にします。

3　告訴状・告発状のポイント

　告訴状・告発状のポイントは、「告訴事実（犯罪事実）」欄の記載ですが、以下に述べる犯罪の構成要件に該当する事実を明確に記載する必要があります。犯罪とは、その行為が、①犯罪構成要件（刑罰法規に規定された犯罪行為の類型）に該当し、②違法な行為であり、かつ、③有責な（責任がある）行為をいいます。しかし、告訴状・告発状に記載する犯罪事実は、犯罪構成要件に該当する事実を具体的に記載すればよいのです。

犯罪が成立するための3つの要件
①　その行為が犯罪構成要件（例えば、人の身体を傷害した）に該当すること
②　その行為が違法性（刑罰法規に違反すること）を有すること
③　その行為者に責任が認められること（14歳未満の者や心神喪失者の行為でないこと）

例えば、刑法第204条は「人の身体を傷害した者」は傷害罪として処罰する旨を規定していますが、傷害罪が成立するには、①人の身体を傷害したという犯罪構成要件に該当する行為があること、②違法性がないとされる場合（例えば、大相撲による傷害）でないこと、③幼児のような責任能力のない者でないことの3要件を必要とします。しかし、告訴状・告発状では、犯罪構成要件に該当する行為があった事実を記載すればよいのです。
　犯罪行為は1人で行う場合のほか、複数の者が共同して行う場合があります。複数の者が共同して犯罪を実行する場合を「共犯」といいますが、共犯には、①共同正犯、②教唆犯、③従犯（幇助犯）があります。
(1)　共同正犯とは、2人以上が共同して犯罪を実行した者をいいますが、この場合は、すべて正犯（犯罪行為を自ら実行した者）とされます（刑法第60条）。
(2)　教唆犯とは、他人を教唆して（そそのかして）犯罪を実行させた者をいいます（刑法第61条）。例えば、部下の公務員Aに虚偽公文書作成行為を教唆した上司の課長Bは教唆犯となります。教唆犯は、正犯（犯罪行為を自ら実行した者）の法定刑（刑罰法規に定めている刑）の範囲内で処罰されます。実際に言い渡される刑（宣告刑）は、正犯の宣告刑より重い場合もあります。
(3)　従犯（幇助犯）とは、正犯を幇助（助けること）した者をいいます（刑法第62条第1項）。例えば、正犯に傷害の凶器とするナイフを貸し与えた者をいいます。従犯の刑は、正犯の刑を減軽します（刑法第63条）。従犯を教唆した者は従犯の刑を科します。
　　例えば、公務員が印刷業者を使って裏金を形成する場合は、内容虚偽の納品書・請求書を印刷業者から提供させる必要がありますが、このような場合も公務員と印刷業者との共犯になります。このように場合について、刑法第65条第1項は「犯人の身分によって構成すべき犯罪行為に加功（犯罪に加担すること）したときは、身分のない者であっても、共犯とする」と規定しています。つまり、上例の裏金形成の公務員の虚偽公文書作成の例でいうと、「犯人の身分

によって構成する犯罪行為」である虚偽公文書作成に加功した印刷業者は「身分のない者」ですが、共犯とされるのです。

4 告発状の作り方

　告発状の作り方も、上に述べた告訴状の作り方と同様にします。次例は、公務員の虚偽公文書作成罪・虚偽公文書行使罪について犯人の氏名不詳として告発をする場合です。

告発状

　　　　　　　　　　　　　　　　　　　　　　　　平成〇年〇月〇日
〇〇地方検察庁・検事正　殿
　　　　　　　　　　　　　　　　　　告発人　　〇〇〇〇（印）
　　　告発人　　住所　〇県〇市〇町〇丁目〇番〇号
　　　　　　　　氏名　〇〇〇〇
　　　　　　　　　　（電話　000-000-0000）
被告発人の表示　　氏名不詳（平成〇年〇月当時の〇県〇課の本件公文書たる会計書類の作成権限を有する公務員及び当該作成権限者を補助する公務員）

第1　告発の趣旨
　上記の氏名不詳の被告発人には、下記第2の告発事実記載の通り、刑法第156条（虚偽有印公文書作成罪）及び刑法第158条（虚偽有印公文書行使罪）の各犯罪を犯したと疑うに足りる相当の事由があると思料するので、当該被告発人の厳重な処罰を求めるため告発をする。

第2　告発事実
　（省略）　次の事項のうち分かるものを分かる範囲で詳細に記載する。

　　① いつ（犯行の日時）

②　どこで（犯行の場所）
③　誰が（犯人は誰か）
④　何を、誰に対して（犯罪の対象や相手方）
⑤　どんな方法で（犯罪の方法や態様）
⑥　なぜ（犯罪の動機や原因）
⑦　どんな行為を（犯罪行為とその結果）
⑧　誰と（共犯者）

第3　立証方法
(1)　平成〇年〇月〇日付「執行伺書」写し
(2)　平成〇年〇月〇日付「支出命令書」写し
(3)　平成〇年〇月〇日付検収印の押印された「請求書」写し
(4)　参考人　〇県〇課職員〇〇〇〇（平成〇年〇月当時の〇課課長）

第4　添付書類
　　上記第3の立証方法の1ないし3の写し　　　　各1通
以上

(1)　書面の表題は「告発状」とします。
(2)　告発状には提出年月日または作成年月日を記載します。
(3)　告発状の宛て先は、犯人の住所地の警察署長、都道府県警察本部長または地方検察庁検事正のいずれかとしますが、上例のような公務員の犯罪の場合は、なるべく地方検察庁検事正とします。
(4)　告発人の氏名を表示して押印（認め印でよい）をします。
(5)　告発人の住所、氏名、連絡先電話番号を記載します。
(6)　被告発人を特定するために、できれば住所、氏名、職業などを分かる範囲で記載しますが、被告発人の氏名が分からない場合は、上例のように「氏名不詳」として分かる範囲の情報を記載します。

(7) 「告発の趣旨」欄には、告発の結論として法律名と条項を記載して、被告発人の厳重な処罰を求める意思表示を明確に記載する必要があります。

(8) 「告発事実（犯罪事実）」欄には、その犯罪事実に関する上例の各事項のうち分かるものを分かる範囲で詳細に記載します。

(9) 「立証方法」欄には、物的証拠（文書、物、場所）や人的証拠（目撃者その他の参考人）を具体的に記載します。文書は作成年月日・作成者・表題を分かる範囲で記載します。目撃者その他の参考人がいる場合は、上例の記載または「参考人　○市○町○丁目○番○号、○○○○、連絡先電話番号 000-000-0000」のように分かる範囲で記載します。

(10)　添付書類には、必ず書類の写しを添付します。原本を添付した場合は返還を求めるのが困難になります。

(11)　告発状の提出は、捜査機関が受け取らないなどのトラブルを回避するために郵送をするのが無難です。郵送は配達記録郵便か簡易書留郵便にします。

Q25 告訴・告発をした後は、どのように処理されるのですか

1 告訴状・告発状の必要性

　告訴状や告発状を捜査機関（司法警察員や検察官）に提出した後は、捜査機関には捜査をする義務が生じます。特に司法警察員（巡査部長以上の階級の警察官）は、告訴または告発を受けたときは、速やかに告訴・告発に関する書類と証拠物を検察官に送付しなければならないとされています（刑事訴訟法第242条）。この「検察官に送付しなければならない」という規定があるために司法警察員は捜査の義務を負うことになりますから、告訴人や告発人との間で告訴状や告発状を受け取らないといったトラブルを生じることがあります。つまり、例えば、傷害を受けた場合でも、単なる「被害届」を提出しただけでは、被害者は、どのような処理がなされたのかが分からないのです。告訴状や告発状を提出した場合には、司法警察員は、必ず捜査をしてその結果の書類と証拠を検察官に送付する必要がありますし、後述する通り、告訴人や告発人は、検察官が不起訴処分（公訴を提起しないことにする処分）をした場合にも検察審査会に審査申立をすることも可能になります。告訴状や告発状の提出が重要な理由は、ここにあります。

2 司法警察員の捜査

　告訴または告発を受けた司法警察員は、必ず捜査をして被害者の供述調書、参考人の供述調書などを作成しますから、告訴人や告発人は、捜査機関の捜査に協力する必要があります。告訴状や告発状の提出は、単に捜査の端緒を与えるものに過ぎませんから、告訴人や告発人が、後日、新たな証拠を入手した場合には、追加の証拠として捜査機関へ提出します。告訴人や告発人は参考人として捜査機関は「参考人供述調書」を作成しますが、

一般に長時間を必要としますから、時間に余裕のある日に「参考人供述調書」を作成して貰うようにします。

　捜査官は、参考人が拒絶した場合を除き、供述者（参考人）が供述調書に誤りのないことを申し立てたときは、供述調書に署名押印することを求めることができるとされていますから、参考人は認め印を持参するようにします。供述調書は、これを参考人に閲覧させまたは読み聞かせて、誤りがないかどうかを問い、参考人が増減変更を申し立てたときは、その供述を調書に記載する必要があります。

3　検察官の処分

　検察官は、告訴または告発のあった事件について捜査を遂げた後、公訴を提起し、または公訴を提起しない処分（不起訴処分）をしたときは、速やかに、その旨を告訴人または告発人に対して通知する必要があります（刑事訴訟法第260条）。実務上は、検察官は、次例のような「処分通知書」を郵送します。

処分通知書

　　　　　　　　　　　　　　　　　　　　検務第〇〇〇〇号
　　　　　　　　　　　　　　　　　　　　平成〇年〇月〇日

〇〇〇〇　殿

　　　　　　　　　　　　　　　　　〇〇地方検察庁
　　　　　　　　　　　　　　　　　検察官検事　〇〇〇〇（印）

貴殿から平成〇年〇月〇日付け虚偽公文書作成罪、虚偽公文書行使罪で告発のあった次の被疑事件は、下記のとおり処分したので通知します。

　　　　　　　　　　　　記
1　被疑者　　①〇〇〇〇、②〇〇〇〇、③〇〇〇〇、④〇〇〇〇
2　罪名　　　虚偽有印公文書作成、同行使
3　事件番号　①平成〇年検第1-0517号、②平成〇年検第1-0518号

		③平成○年検第1-0519号、④平成○年検第1-0520号
4	処分年月日	平成○年○月○日
5	処分区分	不起訴

　上例のような不起訴処分にする旨の「処分通知書」を受け取った場合は、不起訴処分をした検察官に対して不起訴処分にした理由を口頭または書面で照会することができます。刑事訴訟法第261条では、検察官は、告訴または告発のあった事件について公訴を提起しない処分（不起訴処分）をした場合において、告訴人や告発人の請求があるときは、速やかにその理由を告げなければならないと規定しています。この場合に書面で請求するときは、次のような書面を提出します。

不起訴処分理由告知請求書

　　　　　　　　　　　　　　　　　　　　　　　　平成○年○月○日

○○地方検察庁
検察官検事　　○○○○　殿

　　　　　　　　　　〒000-0000　○県○市○町○丁目○番○号
　　　　　　　　　　告発人　　　　　　　○○○○（印）
　　　　　　　　　　　　　　　　　　　（電話 000-000-0000）

平成○年○月○日付検務第○○○○号「処分通知書」に係る不起訴処分理由の告知の請求について

　標記について、下記の事件に係る処分通知書を受領したが、刑事訴訟法第261条の規定により下記事件につき不起訴処分理由の告知を請求するので、速やかに理由告知書を送付されたい。

記

1　事件番号は、次の通り。
　　　①平成○年検第1-0517号、②平成○年検第1-0518号
　　　③平成○年検第1-0519号、④平成○年検第1-0520号

> （いずれも、処分年月日は平成〇年〇月〇日）
> 2　上記各被疑事件の不起訴処分理由の告知を請求するが、できる限り詳細な理由を告知されたい。
> 以上

　上例には、「できる限り詳細な理由を告知されたい」と記載していますが、実務上は、単に、①起訴猶予、②証拠不十分、③罪とならず、④嫌疑なし、⑤嫌疑不十分といった直接の理由しか告知されません。ただ、担当の検察官によっては直接理由を聞きに出頭した場合には理由を説明してくれる場合もあります。

　検察官から送付される「不起訴処分理由告知書」は次例のようなものです。

不起訴処分理由告知書

　　　　　　　　　　　　　　　　　　　　　　刑第〇〇〇〇号
　　　　　　　　　　　　　　　　　　　　　　平成〇年〇月〇日
〇〇〇〇　殿
　　　　　　　　　　　　　　　　　〇〇地方検察庁
　　　　　　　　　　　　　　　　　検察官検事　〇〇〇〇　（印）
貴殿の請求により下記のとおり告知します。

記

　貴殿から平成〇年〇月〇日告発のあった①〇〇〇〇、②〇〇〇〇、③〇〇〇〇、④〇〇〇〇に対する虚偽有印公文書作成・同行使被疑事件の不起訴処分の理由は、次のとおりです。
（不起訴処分の理由）
いずれも起訴猶予
事件番号　　①平成〇年検第1-0517号、②平成〇年検第1-0518号
　　　　　　③平成〇年検第1-0519号、④平成〇年検第1-0520号

　上例の「起訴猶予」とは、犯罪が成立し有罪判決が得られるだけの証拠

が揃っている場合に犯人の性格、年齢、境遇、犯罪の軽重、情状、犯罪後の状況を考慮して訴追の必要がないことを理由として検察官が不起訴とすることをいいます（刑事訴訟法第248条）。このような法制度を起訴裁量主義とか起訴便宜主義といいます。これに対して、検察官の裁量を否定し犯罪が成立する場合には必ず起訴しなければならないとする法制度を起訴法定主義といいます。起訴裁量主義（起訴便宜主義）の裁量権の濫用や逸脱があると刑事司法は正常に機能しなくなります。

4 不起訴処分への不服申立

検察官が不起訴処分をした場合には、次のような不服申立の方法があります。

(1) 告訴人または告発人は、Q26に述べる検察審査会に対して不起訴処分の当否の審査を申し立てることができます（検察審査会法第30条）。

(2) 公務員職権濫用罪（刑法第193条）その他の公務員の職権濫用に対する罪について告訴または告発をした者は、Q27に述べる通り、不起訴処分がなされた場合に裁判所にその事件を審判に付することを請求することができます（刑事訴訟法第262条）。これを付審判請求といいます。

(3) 検察官の不起訴処分に対して行政不服審査法による不服申立はできませんが、法律に明文の規定はないものの、不起訴処分をした検察官の所属する地方検察庁の上級検察庁である高等検察庁の長（検事長）に対して不服申立をして監督権限の発動を促すと、上級検察庁では不起訴処分の当否を再考して、不服申立人に対してその結果を「不服申立事件処理結果通知書」により通知することとしています。この不服申立について法律に明文の規定はないことから、請願法に基づく請願の一種と考えられています。請願とは、国や自治体の機関に対して希望を述べることをいいますが、憲法上の権利とされています。憲法第16条は、「何人も、損害の救済、公務員の罷免、

法律、命令または規則の制定、廃止または改正その他の事項に関し、平穏に請願する権利を有し、何人も、かかる請願をしたために、いかなる差別待遇も受けない」と規定しています。憲法第16条の規定を受けて「請願法」が制定されています。

Q26 検察官が起訴をしない処分にした場合は、どうするのですか

1　検察審査会への審査申立

　告訴または告発をした者は、検察官の公訴を提起しない処分（不起訴処分）について不服がある場合には、その検察官の属する検察庁の所在地を管轄する検察審査会に対してその不起訴処分の当否の審査を申し立てることができます（検察審査会法第30条）。検察審査会への審査の申立の費用は無料です。

　検察審査会とは、検察官が起訴または不起訴とする権限を独占しているのに対して、その権限の濫用を防止する制度をいいます。ただ、検察審査会で不起訴処分が不当である旨の議決がなされても、検察官は検察審査会の議決に法律的に拘束されないとされていますから、実際上はあまり役立たない制度とも言えます。

　検察審査会は、全国の地方裁判所やその支部所在地に置かれている裁判所の建物の中に事務局を置いています。検察審査会の構成員は、衆議院議員の選挙権を有する者の中からくじで選ばれた11人の検察審査員から構成されており、その11人の検察審査員が不起訴処分の当否の審査をするのです（検察審査会法第4条）。

　検察審査会の会議は、検察審査員の全員の出席がなければ会議を開き議決をすることができないとされています（検察審査会法第25条）。検察審査会の議事は過半数で決することとされていますが、起訴を相当とする議決には8人以上の多数によることが必要です（検察審査会法第27条）。審査の結果は、①不起訴相当、②不起訴不当、③起訴相当に分かれます。①不起訴相当は不起訴処分が妥当であると判断した場合で、②不起訴不当は改めて詳しく捜査をすべきであるという場合です。③起訴相当は積極的に起訴が相当であると判断した場合で、①不起訴相当と②不起訴不当は過半

数で議決しますが、③起訴相当は8人以上の多数による議決が必要とされています。

議決の結果は、審査を申し立てた告訴人や告発人に対して「議決の要旨」が郵送されてきます。議決の結果は不起訴処分をした検察官の所属する検察庁の検事正と検察官適格審査会にも送付され、検事正は、議決を参考に起訴をすべきであると判断したときは、起訴をすることになります。

2 審査申立書の書き方

検察審査会へ提出する「審査申立書」の書き方は決まっていませんが、各地の地方裁判所庁舎内にある検察審査会の事務局では簡単な記入用紙を準備していますから、その用紙に記入して提出することもできます。しかし、その記入用紙は重要な事項の記入欄が狭いので、パソコンやワープロを使用できる場合には、告訴状や告発状の作り方と同様にして次例の各項目を記載して作成します。提出通数は1通です。

審査申立書

平成〇年〇月〇日

〇〇検察審査会　御中

　　　　　　申立人　（住所）〇県〇市〇町〇丁目〇番〇号
　　　　　　　　　　（氏名）　　　　〇〇〇〇　（印）
　　　　　　　　　　（資格）告発人（職業）農業　66歳
　　　　　　　　　　（電話）　000-000-0000

検察審査会法第30条の規定に基づき下記の通り審査の申立をする。

記

第1　罪名
　1　虚偽有印公文書作成罪（刑法第156条）
　2　虚偽有印公文書行使罪（刑法第158条）

第2　不起訴処分年月日

平成○年○月○日（処分通知書は、同日付検務第○○○○号）

第3　不起訴処分をした検察官
　　○○地方検察庁検察官検事　　○○○○

第4　被疑者
　1　○○○○（○県の公務員。住居・年齢は不詳）
　2　○○○○（○県の公務員。住居・年齢は不詳）
　3　○○○○（○県の公務員。住居・年齢は不詳）
　4　○○○○（○県の公務員。住居・年齢は不詳）

第5　被疑事実の要旨
　（省略）（告訴状・告発状に記載した犯罪事実を記載します）

第6　不起訴処分を不当とする理由
　（省略）（理由の記載は、なるべく箇条書きにします）

第7　備考（参考事情）
　（省略）（参考となる事情を述べたい場合に記載します）
　以上

(1) 書面の表題は「審査申立書」とします。A4サイズの用紙に横書き・片面印刷にして告訴状・告発状の作り方と同様にします。
(2) 書面には提出年月日または作成年月日を記載します。
(3) 宛て先は、処分をした検察官の検察庁所在地の検察審査会とします。
(4) 罪名は、検察官作成の「処分通知書」の記載の通りにします。
(5) 不起訴処分年月日は、検察官作成の「処分通知書」に記載の年月日とします。

(6)　不起訴処分をした検察官は、「処分通知書」の記載の通りにします。

(7)　被疑者は、検察官作成の「処分通知書」の記載の通りにします。

(8)　被疑事実の要旨には、告訴状・告発状に記載した犯罪事実を記載します。ただし、法律の専門家でない一般市民に分かりやすい表現にします。

(9)　不起訴処分を不当とする理由は、審査申立書の最重要部分ですから、一般市民を説得できる理由を詳細に記載する必要があります。

(10)　備考には、参考となる事情がある場合に記載します。

Q27 不起訴処分に対する付審判請求は、どうするのですか

1　付審判請求とは

付審判請求とは、公務員の職権濫用の罪（例えば、刑法第193条の公務員職権濫用罪、刑法第194条の特別公務員職権濫用罪、刑法第195条の特別公務員暴行陵虐罪）について告訴または告発をした者が、検察官の不起訴処分に不服がある場合に、裁判所にその事件を審判に付することを請求することをいいます（刑事訴訟法第262条）。裁判所が、この請求に理由があると判断した場合には、その事件を審判に付する旨の決定がなされ、これによって公訴提起の効力が生じます。この手続を準起訴手続といいます。

付審判請求をすることのできる犯罪は、次の犯罪に限られます。

> ①　公務員職権濫用罪（公務員が、その職権を濫用して、人に義務のないことを行わせ、または権利の行使を妨害した罪。刑法第193条）
> ②　特別公務員職権濫用罪（裁判、検察もしくは警察の職務を行う者またはこれらの職務を補助する者が、その職権を濫用して、人を逮捕し、または監禁した罪。刑法第194条）
> ③　特別公務員暴行陵虐罪（裁判、検察もしくは警察の職務を行う者またはこれらの職務を補助する者が、その職務を行うに当たり、被告人、被疑者その他の者に対して暴行または陵辱もしくは加虐の行為をした罪。法令により拘禁された者を看守しまたは護送する者が、その拘禁された者に対して暴行または陵辱もしくは加虐の行為をした罪。刑法第195条）
> ④　特別公務員職権濫用等致死傷罪（上の②③の罪を犯し、よっ

> て人を死傷させた罪。刑法第196条）
> ⑤ 公安調査官職権濫用罪（公安調査官が、その職権を濫用し、人をして義務のないことを行わせまたは行うべき権利を妨害した罪。破壊活動防止法第45条）
> ⑥ 公安調査官・警察職員職権濫用罪（無差別大量殺人行為を行った団体の規制に関する法律に定める職権を濫用した罪。同法第42、43条）

　以上の6種類の犯罪について告訴または告発をした者は、検察官の公訴を提起しない処分に不服がある場合は、その検察官所属の検察庁所在地を管轄する地方裁判所に事件を裁判所の審判に付することを請求することができます。この場合の「付審判請求書」は、不起訴処分の通知を受けた日から7日以内に、公訴を提起しない検察官に差し出してしなければならないとされています（刑事訴訟法第262条第2項）。

　付審判請求は、本章Q26に述べた検察審査会への審査申立とは無関係ですから、両者は並行してすることができます。

2　付審判請求書の作り方

　「付審判請求書」の作り方は決まっていませんが、パソコンやワープロを使用する場合は本章Q24で述べた告訴状・告発状の作り方と同様にA4サイズ・片面印刷にします。手書きにする場合も、パソコンなどを使用する場合と同様の上下左右の余白を取ります。2枚以上になる場合は、左側2箇所をホチキスで綴じて、各綴り目に認め印で契印（割り印）をします。

　「付審判請求書」には次例のように裁判所の審判に付されるべき事件の犯罪事実と証拠を記載する必要があります（刑事訴訟規則第169条）。

事件名　公務員職権濫用被疑事件

付審判請求書

平成○年○月○日
○○地方裁判所　御中
　　　　付審判請求申立人　〒000-0000　○県○市○町○丁目○番○号
　　　　　　　　　　　　　　　　　　　○○○○（印）
　　　（職業：農業、昭和○年○月○日生、電話 000-000-0000）

第1　付審判請求の趣旨
　申立人は、平成○年○月○日に被疑者○○○○（○県の公務員）を公務員職権濫用罪（刑法第193条）で告訴をしたところ、平成○年○月○日に○○地方検察庁検察官検事○○○○から公訴を提起しない旨の通知を受けたが、この不起訴処分に不服があるので、刑事訴訟法第262条の規定により事件を審判に付することを請求する。

第2　申立の理由（審判に付する犯罪事実）
　1　（省略）（告訴状・告発状に記載した犯罪事実を記載する）
　2　（省略）（告訴状・告発状に記載した犯罪事実を記載する）
（中略）
　5　以上の通り、被疑者○○○○の犯罪事実は明らかであり、かつ、犯情に照らして起訴相当であるので、上記第1の付審判請求の趣旨の通りの裁判を求める。

第3　証拠
　1　告訴状の写し
　2　○○○○作成の陳述書
　3　○○○○作成の上申書
　4　参考人　○○○○（住所○県○市○町○丁目○番○号。被疑者の上司の課長）

第4　添付書類
　　第3の証拠の1ないし3の写し　　　各1通

> 以上

(1) 事件名は罪名に準じて簡潔に付します。
(2) 書面の表題は「付審判請求書」とします。
(3) 書面には「付審判請求書」の提出年月日または作成年月日を記載します。
(4) 宛て先は、不起訴処分をした検察官所属の検察庁所在地の地方裁判所とします。
(5) 付審判請求申立人の住所、氏名、職業、生年月日、連絡先電話番号を記載します。付審判請求申立人の押印も必要です。
(6) 付審判請求の趣旨には、公務員の職権濫用の罪で告訴・告発をした事実、不起訴処分を受けた事実、付審判請求をする旨を記載します。
(7) 申立の理由（審判に付する犯罪事実）には、告訴状・告発状に記載した犯罪事実を詳細に記載します。
(8) 証拠には、告訴状・告発状の写しのほか、可能な場合には関係人の陳述書や上申書の写しを提出します。参考人がいる場合には氏名と住所を記載します。
(9) 添付書類として証拠書類の写しを添付します。
(10) 付審判請求書は不起訴処分の通知を受けた日から7日以内に不起訴処分をした検察官へ提出します。
(11) 付審判請求書の作り方は告訴状・告発状と同じです。提出通数は1通です。

3　付審判請求書の処理

　付審判請求書が不起訴処分をした検察官に提出されたときは、検察官は、付審判請求を理由があるものと認める場合は、公訴を提起する必要があります（刑事訴訟法第264条）。一方、付審判請求に理由がないと判断したときは、付審判請求書を裁判所へ送付します。裁判所は、付審判請求に対

する審理や裁判は合議体でしなければなりません（刑事訴訟法第265条第1項）。

　裁判所は、付審判請求を受けたときは、次の区別に従って決定する必要があります（刑事訴訟法第266条）。

> ①　付審判請求が法令上の方式に違反し、もしくは請求権の消滅後になされたものであるとき、または請求が理由のないときは、請求を棄却します。
> ②　付審判請求が理由のあるときは、事件を管轄地方裁判所の審判に付します。

　上の②の決定があったときは、その事件について公訴の提起があったものとみなされます（刑事訴訟法第267条）。

　付審判請求は、上の裁判所の決定があるまでは取り下げることができますが、取り下げた者は、その事件については再度の付審判請求はできません（刑事訴訟法第263条）。

4　検察官の職務を行う弁護士

　付審判請求について裁判所の審判に付されたときは、裁判所は、その事件について公訴の維持にあたる者を弁護士の中から指定する必要があります。裁判所の指定を受けた弁護士は、事件について公訴を維持するため、裁判の確定に至るまで検察官の職務を行います。ただし、検察事務官や司法警察員に対する捜査の指揮は、検察官に嘱託して行うこととされています。検察官の職務を行う弁護士は、法令により公務に従事する職員とみなされます。裁判所の指定を受けた弁護士には、政令で定める額の手当が支給されます。裁判所は、指定を受けた弁護士がその職務を行うに適さないと認めるときその他の特別の事情があるときは、何時でもその指定を取り消すことができます（刑事訴訟法第268条）。

Q28 虚偽告訴・虚偽告発の罪とは、どういうものですか

1 虚偽告訴・虚偽告発の罪

　虚偽告訴・虚偽告発の罪とは、他人に刑事処分や懲戒処分を受けさせる目的で、ウソの告訴・告発その他の申告をする罪をいいます。公務員の行為について告訴または告発をする場合にもその公務員からウソの告訴・告発だとして虚偽告訴・虚偽告発の罪で住民が告訴・告発をされないように犯罪事実を慎重に調査をしておく必要があります。もっとも虚偽告訴・虚偽告発の罪の犯罪事実もないのに公務員が住民に対してウソの告訴・告発をした場合は、その告訴・告発行為が犯罪となります。ウソとは、客観的真実に反することをいいます。

　虚偽告訴・虚偽告発の罪について刑法第172条は次のように規定しています。

> **刑法第172条**
> 　人に刑事または懲戒の処分を受けさせる目的で、虚偽の告訴、告発その他の申告をした者は、3月以上10年以下の懲役に処する。

　虚偽告訴・虚偽告発の罪の自白による刑の減免について刑法第173条は次のように規定しています。

> **刑法第173条**
> 　前条の罪を犯した者が、その申告をした事件について、その裁判が確定する前または懲戒処分が行われる前に自白したときは、その刑を減軽し、または免除することができる。

2 「虚偽」とは

　虚偽告訴・虚偽告発の罪の行為は「虚偽の告訴、告発その他の申告」ですが、この場合の「虚偽」とは、客観的真実に反することをいいます。申告者が、その事実が虚偽であることを知りつつ申告する場合に限ります。客観的に真実である事実を虚偽であると誤信して申告しても国家の審判作用を害することにならないので、本罪は成立しません。偽証罪（刑法第169条）にいう「虚偽」が証人の記憶に反することを「虚偽」とするのとは異なります。偽証罪では証人の記憶に反する供述自体が国家の審判作用を誤らせる危険を含むからです。

　「虚偽の告訴、告発その他の申告」には、他人に刑事処分（各種の刑罰や少年に対する保護処分）や懲戒処分（公務員への懲戒処分、公証人・弁護士などの懲戒処分）を受けさせる目的があることが必要です。申告の内容は、刑事または懲戒の処分の原因となり得るものであることが必要です。犯罪事実の指摘の程度は、捜査機関または懲戒権者に対して特定人の特定行為について職権発動を促す程度に具体的でなければなりません。申告の方法は、書面、口頭を問わず、匿名、仮名、他人名義でもよいと解されています。申告は、捜査機関や懲戒権者に対して自発的に行われることが必要です。従って、捜査機関などの取り調べを受けて虚偽の陳述をした場合は含まれません。

　刑法第173条は虚偽の申告による刑事または懲戒の処分がなされることを未然に防止するために自白（申告が虚偽であったことを具体的に告白すること）をした場合の刑の減免を規定したものです。この場合の自白は、自首（犯罪の発覚前に犯人自ら捜査機関に申告すること）よりも広く捜査官の質問に答えて自認する場合も含まれます。

第3章
公務員の民事責任は、どんな場合に追及することができますか

Q29 公務員が適法な許可申請を違法に不許可にした場合は、どうなりますか

1 適法な許可申請に対する違法な不許可

　適法な許可申請（例えば、市民会館の集会室の使用許可申請、都道府県管理港湾の使用許可申請）に対して、使用許可権限を有する公務員が適法な使用許可申請であることを知りながら、故意に恣意的に不許可処分をして権利の発生を妨げる行為をした場合は、第１章Ｑ３に述べた通り、刑法第193条に規定する公務員職権濫用罪の犯罪が成立しますが、その犯罪行為によって国民が損害を受けた場合は、国家賠償法第１条の規定により自治体や国に対して損害賠償請求をすることができます。

　国家賠償法第１条の規定に基づく損害賠償請求の被告は自治体や国となりますから、違法行為（不法行為）をした公務員個人を被告とすることはできません。しかし、国家賠償請求訴訟の中で不法行為をした公務員を証人として尋問し証人尋問の中で不法行為の事実を明らかにすることはできます。更に、公務員に故意または重大な過失があった場合は、自治体や国は、その公務員に対して求償（弁済した自治体や国が公務員に返還を求めること）することができますから、結局、公務員の民事責任を追及することになります。

　国家賠償法第１条は、次のように規定しています。

> 国家賠償法第１条
> ① 国または公共団体の公権力の行使に当たる公務員が、その職務を行うについて、故意または過失によって違法に他人に損害を加えたときは、国または公共団体が、これを賠償する責に任ずる。
> ② 前項の場合において、公務員に故意または重大な過失があっ

> たときは、国または公共団体は、その公務員に対して求 償 権
> を有する。

(1) 「国」とは、日本国をいい、「公共団体」とは、地方公共団体としての①普通地方公共団体の都道府県と市町村、②特別地方公共団体の特別区、地方公共団体の組合、財産区、地方開発事業団（地方自治法第1条の3）などをいいます。自治体のほかにも法律により公権力の行使を認められた団体（例えば、土地改良区）があります。これらが責任を負う主体となります。

(2) 「公権力」とは、国や公共団体の公務員が私人（国民）に対して命令し強制する権限をいいます。公権力の行使とは、例えば、許可権限を有する行政庁（大臣、知事、市町村長のように国や自治体のために意思決定をし国民に表示する権限を有する行政機関）が許可や不許可の行政処分（行政庁による国民の権利義務を規制する行為）をする行為をいいます。

　公務員の行為であっても、公権力の行使に当たらない行為（例えば、国立病院の医師の医療ミス）については国家賠償法の適用はなく、民法第709条以下の不法行為の規定によって公務員個人やその使用者である自治体や国に損害賠償請求をすることになります。公権力の行使に当たるか否かが国家賠償法第1条と民法第709条以下の不法行為の規定の適用領域を区別する基準となります。

(3) 「その職務を行うについて」とは、加害行為が職務行為自体である場合のほか、職務遂行の手段としてなされた行為や職務の内容と密接に関連し職務行為に付随してなされた行為も含まれます。客観的に職務行為（公務）の外観があれば足り、加害公務員の主観的な意図は問わないと解されています。

(4) 「故意または過失によって違法に他人に損害を加えたとき」とは、民法第709条の一般の不法行為（故意または過失により他人の権利を侵害する行為）の要件と同様の要件を意味します。民法第709条

は、不法行為の要件を次のように規定しています。

> 民法第709条
> 　故意または過失によって他人の権利または法律上保護される利益を侵害した者は、これによって生じた損害を賠償する責任を負う。

　民法第709条の不法行為の要件は、次のようになっています。不法行為を原因とする損害賠償請求訴訟では、原告が③以外の事実を立証（証明）する必要があります。
　① 故意または過失によって損害が発生したこと
　② 加害行為が違法であること
　③ 加害者に責任能力があること
　④ 加害行為と損害発生との間に因果関係があること

(5) 国家賠償法第1条第1項の公務員による不法行為（違法行為）の成立要件は、次の通りです。

> ① 国または公共団体の公務員の公権力の行使であること（主観的要件）
> ② その公務員の職務執行について故意または過失があること（主観的要件）
> ③ 違法な行為であること（客観的要件）
> ④ 加害行為により損害が発生したこと（客観的要件）

(6) 国家賠償法第1条第2項は、「公務員に故意または重大な過失があったとき」は、自治体や国は、その公務員に対して求償（弁済した自治体や国が公務員に返還を求めること）することができるとしています。「重大な過失」とは、一般人に要求される注意義務を著しく欠くことをいいます。

Q 29 ——公務員が適法な許可申請を違法に不許可にした場合は、どうなりますか

(7) 国家賠償法第4条は、「国または公共団体の損害賠償の責任については、前3条の規定によるのほか、民法の規定による」として、損害賠償責任に関する一般法である民法の規定によることとしています。

(8) 国家賠償法や民法の不法行為を理由として損害賠償請求をするためには「損害が発生したこと」を被害者が主張し立証しなければなりませんが、判例は、損害の意味について、不法行為がなければ被害者が置かれているであろう財産状態と、不法行為があったために被害者が置かれている財産状態との差額が損害であると解しています。この考え方を差額説といっています。

2 違法な不許可と国家賠償請求

　公務員が適法な許可申請を違法に不許可にした場合の例として、○県○港の港湾施設の使用許可申請を恣意的に違法に不許可とした場合の国家賠償請求訴訟の訴状の例を次に示します。

```
                    訴　　状
                              平成○年○月○日
○○地方裁判所　御中
           原告　株式会社　○○○○
           代表者代表取締役　○○○○（代表者印）

   〒000-0000　○県○市○町○丁目○番○号（送達場所）
           原告　株式会社　○○○○
           代表者代表取締役　○○○○
           （電話000-000-0000　FAX000-000-0000）

   〒000-0000　○県○市○町○丁目○番○号　○県県庁
           被告　○県
```

　　　　　　　　代表者○県知事　　○○○○

損害賠償請求事件
　　訴訟物の価額　　3,456万7,000円
　　貼用印紙額　　　12万5,000円

第1　請求の趣旨
　1　被告は、原告に対し、金3,456万7,000円及びこれに対する本訴状送達の日の翌日から支払済みまで年5分の割合による金員を支払え。
　2　訴訟費用は被告の負担とする。

第2　請求の原因
　1　原告は、川砂・砂利・砕石の輸入・販売を業とする株式会社である。被告は、○県○港を管理する者であり、被告の代表者知事は○県○港管理事務所長の訴外Aに○県○港の港湾施設の使用許可申請に対する許可・不許可の行政処分をなす権限を委任していた。
　2　原告の代表者は、平成○年○月○日午後1時30分頃、○県○港のX地区の係船岸壁及び野積場の空きの状況を調査して当該係船岸壁及び野積場の使用許可を得るために○県○港管理事務所を訪問して同所長の訴外Aと面接した。その結果、平成○年○月○日午前8時から同日午後5時までの空きが確認されたので、直ちに口頭で使用許可申請をし○県○港管理事務所長の訴外Aの各港湾施設の使用許可を得た。その際に、訴外Aは原告代表者に船舶の入港時までに所定の許可申請書を提出するよう求めた。
　3　原告の代表者は、○県○港管理事務所長の訴外Aの各港湾施設の使用許可を得たので、直ちに原告会社の香港にある子会社

に連絡をして川砂を満載した原告の傭船を指定の日時に中国福建省の港を出航させるように指示をした。その後、原告の代表者は、原告の傭船が○県○港の入港する予定の2日前に所定の港湾施設使用許可申請書を○県○港管理事務所長の訴外Aあてに提出した。

4 ところが、○県○港管理事務所長の訴外Aは、船舶の入港予定日の前日の平成○年○月○日午後7時頃、本件使用許可申請は許可の要件は満たしているが、上司の本庁B部長の指示で許可することができないと原告の代表者に告げた。原告の代表者は、直ちにB部長に面接して使用許可をするように求めたが、B部長は、「港湾荷役業者が注文を付けるので、100万円を出してほしい」と言って原告代表者に賄賂を要求した。原告代表者が賄賂の要求を拒否すると、同日午後9時頃、○県○港管理事務所長の訴外Aは、各港湾施設について不許可の通知書を原告代表者に手渡した。

5 原告の傭船は、既に○県○港に近づいていたが、○県○港管理事務所次長のCは、強制水先地区に入る直前の平成○年○月○日午後10時頃、内海水先人会へ電話をして原告の契約していた水先業務を行わないように連絡をして原告の業務を妨害したのである。更に、○県土木部職員約50名が平成○年○月○日午前6時頃、○県○港の岸壁に集結して岸壁にバリケードを設置し、仮小屋2軒と簡易便所も設置して、その後10日間にわたって○県○港のX地区を不法に占拠して、威力を用いて原告の業務を妨害したのである。その期間中、被告の公務員は、原告の傭船に対する水の補給も拒否し食料の差し入れのための接岸も拒否したのである。結局、10日間も被告の公務員が原告に対して妨害行為を続けて接岸の可能性がないので、他の港に接岸し川砂を大幅割引をして販売せざるを得なくなったのである。

6　被告の公務員のこれらの行為は、①○県港湾管理条例第○条第○項違反、②地方自治法第244条第2項違反、③港湾法第13条第2項違反、④地方自治法第244条第3項違反、⑤海港ノ国際制度ニ関スル条約及規程（大正15年10月28日条約第5号）違反の各違法行為に該当するものである。

7　被告の公務員による違法行為（不法行為）により原告の受けた損害は次の通りである。

   (1)　滞船料　　　　　　　　　　　　　　　　　　　　　○○万○○○○円
   (2)　内海水先人会への支払い　　　　　　　　　　　　　○○万○○○○円
   (3)　大阪湾水先人会への支払い　　　　　　　　　　　　○○万○○○○円
   (4)　○○海事株式会社（タグボート使用料）　　　　　　○○万○○○○円
   (5)　トン税　　　　　　　　　　　　　　　　　　　　　○○万○○○○円
   (6)　渡船代（水・食料運搬）　　　　　　　　　　　　　○○万○○○○円
   (7)　海上タクシー代（傭船との連絡に使用）　　　　　　○万○○○○円
   (8)　航空券代金（子会社との対応打ち合わせ旅費）　　　○万○○○○円
   (9)　川砂の売却代金損害　　　　　　　　　　　　　　○○○万○○○○円
   (10)　慰謝料（船長、船員への支払い）　　　　　　　　○○○○万○○○○円

8　よって、原告は、被告に対し、国家賠償法第1条第1項の規定に基づき、請求の趣旨記載の金員の支払いを求めるものである。

証拠方法

1　甲第1号証　　　○県港湾管理条例写し
2　甲第2号証　　　係留施設使用許可申請書控え
3　甲第3号証　　　港湾施設使用許可申請書控え
4　甲第4号証　　　係留施設使用許可審査基準写し
5　甲第5号証　　　港湾施設使用許可審査基準写し
6　甲第6号証　　　係留施設使用不許可決定書
7　甲第7号証　　　港湾施設使用不許可決定書

```
 8  甲第8号証    ○県出先機関事務決裁規則写し

                     附属書類
 1  訴状副本      1通
 2  甲号証写し    各2通
以上
```

(1) 国家賠償請求訴訟の訴状の書き方は、通常の損害賠償請求（例えば、交通事故の被害者から加害者に対する損害賠償請求）の場合と同様です。
(2) 国家賠償請求訴訟の被告は、自治体の公務員の違法行為については各自治体、国の公務員については国とします。判例では、公務員個人を被告とすることはできないとしています。公務でない場合は、公務員個人を被告とします。公務であっても公務員個人を被告とすることはできますが、請求が棄却される場合があります。
(3) 訴状の作り方や訴訟の仕方は、本書の著者による『絶対に訴えてやる！』（緑風出版）参照。

Q30
公務員が住民の名誉を毀損する文書を他人に送った場合は、どうなりますか

1　住民の名誉の毀損

　公務員が住民の名誉を毀損する文書を他人に送った場合は、第1章Q13に述べた通り、刑法第230条に規定する名誉毀損罪の犯罪が成立しますが、公務員の民事責任を追及するには次の区別により訴えを提起する必要があります。

(1)　その公務員が公権力の行使（私人に命令し強制する権限の行使）として公務で送った場合は、自治体または国を被告として国家賠償法第1条に基づく国家賠償請求訴訟を提起することができます。この場合には、判例によると公務員個人を被告とすることはできないとされています（本章Q29参照）。

(2)　公務でない場合は、民法第709条以下の一般の不法行為責任を追及することになります。

(3)　公権力の行使に当たらない公務員の公務（例えば、国立病院の医師の医療ミス）に関して損害賠償請求をする場合には、使用者としての責任がある自治体・国と公務員個人の両方を被告とすることができます（民法第715条）。

民法第715条は、使用者の責任について次のように規定しています。

> 民法第715条
> ①　ある事業のために他人を使用する者は、被用者がその事業の執行について第三者に加えた損害を賠償する責任を負う。ただし、使用者が被用者の選任およびその事業の監督について相当の注意をしたとき、または相当の注意をしても損害が生ずべきであったときは、この限りでない。

> ② 使用者に代わって事業を監督する者も、前項の責任を負う。
> ③ 前2項の規定は、使用者または監督者から被用者に対する求償権の行使を妨げない。

　民法第715条は、被用者（雇用されている者）が使用者の事業の執行について第三者に損害を加えた場合は、被用者の使用者や監督者にも損害賠償責任を負わせることにしたものです。この場合には、使用者・監督者は、被用者とともに被害者に対する損害賠償責任を負うことになります。使用者・監督者と被用者の関係は、不真正連帯債務（複数の債務者の一人が履行すると他の債務者も債務も消滅する関係）となります。例えば、タクシー会社の雇用している運転手が過失で人身事故を起こした場合は、会社と運転手が被害者に対する賠償責任を負いますが、会社が弁済した場合は運転手の債務も消滅します。しかし、会社は、運転手に求償（弁済した者が他の者に返還も求めること）することができます。

2　名誉毀損と謝罪広告

　他人の名誉を毀損した者に対しては、金銭賠償を請求することができるほか、金銭賠償とは別に「名誉を回復するのに適当な処分」を求めることができます。「名誉を回復するのに適当な処分」には、例えば、新聞紙や雑誌などへの謝罪広告があります。この場合について民法第723条は次のように規定しています。

> 民法第723条
> 　他人の名誉を毀損した者に対しては、裁判所は、被害者の請求により、損害賠償に代えて、または損害賠償とともに、名誉を回復するのに適当な処分を命ずることができる。

(1)　本条は、金銭賠償の原則の例外を規定したもので、一種の原状回復を認めるものです。名誉毀損による損害は、金銭では評価できな

い社会的信用の低下となってあらわれるので、裁判所は、金銭賠償とは別に「名誉を回復するのに適当な処分」を命ずることができるとしたものです。

(2) 本条の「名誉」とは、その人（法人も含みます）の品性、徳行、名声、信用その他の人格的価値について社会から受ける客観的評価をいいます。名誉毀損の保護法益は、被害者の社会的評価ですから、主観的な名誉感情の侵害だけでは名誉毀損になりません。

3　名誉毀損と国家賠償請求

　公務員が住民の名誉を毀損する文書を他人に送った場合に国家賠償法第1条第1項により国家賠償請求訴訟を提起する場合の訴状の例は次の通りです。

　　　　　　　　　　　　訴　　状

　　　　　　　　　　　　　　　　　　　平成○年○月○日
○○簡易裁判所　御中

　　　　　　　　　　　　　　　原告　　　○○○○（印）

　　　〒000-0000　○県○市○町○丁目○番○号（送達場所）
　　　　　　原告　　○○○○
　　　　　　　（電話 000-000-0000）

　　　〒000-0000　○県○市○町○丁目○番○号　○県県庁
　　　　　　被告　　○県
　　　　　　代表者○県知事　　○○○○

国家賠償請求事件
　　訴訟物の価額　　10万円
　　貼用印紙額　　　1,000円

第1　請求の趣旨
1　被告は、原告に対し、金10万円及びこれに対する本訴状送達の日の翌日から支払済みまで年5分の割合による金員を支払え。
2　訴訟費用は被告の負担とする。

第2　請求の原因
1　原告は、〇県〇市に住所を有する者である。被告は、〇県の公権力の行使に当たる〇県B土地改良事務所の公務員Aを雇用する普通地方公共団体である。
2　被告の〇県B土地改良事務所の公務員Aは、平成〇年〇月〇日、〇県C土地改良区に対して、「C土地改良区の組合員Xは、平成〇年〇月〇日に〇県土地改良課に出頭して性格異常の気違いのような質問をし、先月だけでも2回も個人情報の開示請求をしている。更に、今月も3回も情報公開請求をしてC土地改良区に対する県の補助金の支出額を調査していた。Xが自己破産をしたとの噂もあるので、C土地改良区の関係書類の閲覧をさせないで拒否してほしい。XをC土地改良区から排除できないか検討してほしい。」旨の公文書を送付して、原告の名誉を毀損し及び信用を毀損して原告に対して多大の精神的苦痛を与えた。
3　被告の〇県B土地改良事務所の公務員Aは、平成〇年〇月〇日、〇県C土地改良区に対して送付した文書中に原告が〇県知事に対して〇県個人情報保護条例に基づいて開示請求をした事実や〇県情報公開条例に基づいて行政文書の公開請求をした事実を無関係なC土地改良区理事に対して漏洩し、地方公務員法第34条の公務員の守秘義務の規定に違反して、原告に対して憲法第13条に保障する基本的人権たる個人のプライバシーの権利を侵害したのである。被告の〇県B土地改良事務所の公務員A

の守秘義務違反の行為及び個人のプライバシーの権利を侵害する行為により、原告は多大の精神的苦痛を受けたのである。
4　被告の○県B土地改良事務所の公務員Aの故意又は重大な過失による前記第2の2及び3記載の各行為により、原告は、多大の精神的苦痛を受けたのであって、この精神的損害は、金銭に換算すると金10万円は下らない。原告の本件精神的損害と被告の公務員Aの故意または重大な過失による各違法行為とは、相当因果関係があることは言うまでもない。
5　よって、原告は、被告に対し、国家賠償法第1条第1項の規定に基づき請求の趣旨記載の金員の支払いを求める。

証拠方法

1　甲第1号証　　被告の○県B土地改良事務所の公務員AがC土地改良区に対して送付した公文書写し
2　甲第2号証　　原告がC土地改良区の組合員であることを証する書面

附属書類

1　訴状副本　　　1通
2　甲号証写し　　各2通
以上

(1)　本件訴状では訴訟物の価額（請求額）を10万円としているので、訴状を提出する裁判所（管轄裁判所）は原告の住所地を管轄する簡易裁判所となります。訴訟物の価額が140万円を超えない場合は簡易裁判所となり、140万円を超える場合は地方裁判所となります。しかし、国家賠償請求訴訟では、簡易裁判所の職権で地方裁判所へ移送される場合があります。
(2)　事件名は原告が訴状に簡潔に付けて裁判所へ提出しますが、裁判

所で変更する場合があります。例えば、国家賠償請求事件を損害賠償請求事件と変更する場合があります。
(3)　本件訴状では訴訟物の価額を10万円としていますが、この金額は慰謝料（精神的損害に対する賠償金）の性質を持つものです。民法第710条は、次の通り財産以外の精神的損害の賠償を認めています。
(4)　本件訴状では加害公務員の氏名を特定していますが、氏名が分からない場合は、被告となる特定の自治体や国に所属していることが分かれば氏名などで特定する必要はありません。例えば、デモ行進をしている住民に警察官が殴りかかって傷害を負わせた場合は警察官の氏名が分からなくても、どの自治体に所属する警察官かが分かれば国家賠償請求訴訟を提起することができます。

> 民法第710条
> 　他人の身体、自由もしくは名誉を侵害した場合または他人の財産権を侵害した場合のいずれであるかを問わず、前条の規定により損害賠償の責任を負う者は、財産以外の損害に対しても、その賠償をしなければならない。

　日本の裁判所は慰謝料の認定に極めて消極的で、慰謝料を認める場合でも極めて少額の慰謝料しか認めません。財産的損害については被害者が財産の損害額を主張し立証する必要がありますが、慰謝料の対象とする精神的損害については、裁判官も分からないし金銭に評価する方法もなく、立証することは不可能ですから、被害者（原告）が損害額を立証（証明）する必要はありません。精神的損害の金額については、裁判官も分からないので、結局は、定型化された金額（例えば、離婚や交通事故の慰謝料）しか認定しないようになっているのです。
　判例は、慰謝料の算定について次のような考え方をしています。
　①　慰謝料の算定に当たって、裁判官がその金額を認定するに至っ

た根拠をいちいち示す必要はない。
② 被害者が慰謝料の額の証明をしていなくても、諸般の事情を斟酌して慰謝料の賠償を命じることができる。
③ 諸般の事情を斟酌する場合に、その事情に制限はなく、被害者の地位、職業などはもとより、加害者の社会的地位や財産状態も斟酌することができる。

従って、慰謝料には、単に精神的苦痛を塡補する機能（損害塡補機能）だけではなく、その他の機能（財産的損害を補完する補完的機能）もあるといえます。

Q31 公務員が公用車の運転中に人身事故を起こした場合は、どうなりますか

1　公用車の運転と公権力の行使

　公用車の運転が「公権力の行使」に当たるかどうかについて、判例が公権力の行使に当たるとしたものには、例えば、①県立養護学校のスクールバスの運転行為、②旧郵政省の郵便車の業務執行中の運転行為、③消防団員が火災現場へ急行するために消防自動車を運転する行為、④旧警察予備隊員が部隊行進のために自動車を運転する行為があります。

　一方、判例が公権力の行使に当たらないとしたものには、例えば、①裁判所の廷吏が私用車による書類の送達事務を終えた後の運転行為、②警察官が交通事故の処理を終わって帰庁後、警察署構内で起こした人身事故、③自衛官による営内洗車場内での運転行為があります（「公権力の行使」の意味については本章Q 29参照）。

　従って、公用車の運転が「公権力の行使」に当たる場合には、国家賠償法第1条第1項の規定によって、その公務員の所属する自治体または国に対して損害賠償請求訴訟を提起することができますが、事故を起こした公務員個人に対しては損害賠償請求をすることはできません（本章Q 29参照）。一方、公用車の運転が「公権力の行使」に当たらない場合には、民法第715条の規定にもとづいて使用者としての自治体・国と運転者に対して損害賠償請求をすることになります。公用車でない場合（私用車の場合）の自動車事故については、民法第709条の規定にもとづいて運転者に対して損害賠償請求をすることになります。

①　公権力の行使に当たる　　　　自治体・国に請求
②　公権力の行使に当たらない　　自治体・国・運転者
③　私用車　　　　　　　　　　　運転者

2　公用車の運転と国家賠償請求

　公務員が「公権力の行使」として公用車の運転中に人身事故を起こした場合に国家賠償法第1条第1項の規定にもとづいて国家賠償請求訴訟を提起する場合の訴状の例は次の通りです。

訴　　状

平成○年○月○日

○○地方裁判所　御中

原告　　○○○○　（印）

　　〒000-0000　○県○市○町○丁目○番○号（送達場所）
　　　　　原告　　○○○○
　　　　　　　（電話 000-000-0000）
　　〒000-0000　○県○市○町○丁目○番○号　○県県庁
　　　　　被告　　○県
　　　　　代表者○県知事　　○○○○

損害賠償請求事件
　訴訟物の価額　　2,345万6,789円
　貼用印紙額　　　9万2,000円

第1　請求の趣旨
　1　被告は、原告に対し、金2,345万6,789円及びこれに対する本訴状送達の日の翌日から支払済みまで年5分の割合による金員を支払え。
　2　訴訟費用は被告の負担とする。
　3　仮執行宣言

Q31――公務員が公用車の運転中に人身事故を起こした場合は、どうなりますか

第2 請求の原因
 1 原告は、○県○市に住所を有する者である。被告は、○県の公権力の行使に当たる○県立Ｂ養護学校の公務員Ａを雇用する普通地方公共団体である。
 2 被告の○県立Ｂ養護学校の公務員Ａは、公務で○県立Ｂ養護学校の公用車である普通自動車を運転して次の人身事故により原告に対して頭部外傷、頭蓋骨骨折、頸髄不全損傷の傷害を負わせた。
  (1) 事故発生日時　平成○年○月○日午後2時10分頃
  (2) 事故発生場所　○県○市○町○番地先交差点
  (3) 加害車両　普通自動車（○○56ゆ○○○○）（被告車両）
  (4) 被害車両　原動機付自転車（○市よ○○○○）（原告車両）
  (5) 事故の態様　原告車両が県道○号線を北進していたところ、被告車両が一時停止の道路標識を無視し左右の安全も前方も確認せずに交差点に飛び出してきて、被告車両のバンパーが原告車両の左側側面に激突したので、原告車両は右側に転倒し原告は、頭部外傷、頭蓋骨骨折、頸髄不全損傷の傷害を負ったものである。
 3 被告は、被告車両の保有者であり、かつ、自己のために自動車を運行の用に供する者であって、自動車損害賠償保障法第3条に基づき原告に生じた損害を賠償する責任がある。被告の○県立Ｂ養護学校の公務員Ａは、公務で公用車を運転中に一時停止の道路標識を無視し安全確認を怠って交差点に進入して原告車両に激突させた過失があるので、被告は、国家賠償法第1条第1項の規定に基づき原告に生じた損害を賠償する責任がある。
 4 原告の傷病の内容と治療の経過は次の通りである。
  (1) 傷病名　頭部外傷、頭蓋骨骨折、頸髄不全損傷
  (2) 治療状況　平成○年○月○日から平成○年○月○日まで○○病院に入院

平成○年○月○日から平成○年○月○日まで○○病院に通院

(実治療日数○○○日)
　(3)　後遺症の程度及び等級　頸椎運動制限　第8級2号

　　　　　　　　　　　　　両手足の指先のしびれ　第12級12号
5　損害
　(1)　治療費　　　　　　　　　　　　　金　　　　　円
　(2)　付添看護費　　　　　　　　　　　金　　　　　円
　(3)　通院交通費　　　　　　　　　　　金　　　　　円
　(4)　入院雑費　　　　　　　　　　　　金　　　　　円
　(5)　休業損害　　　　　　　　　　　　金　　　　　円
　(6)　逸失利益　　　　　　　　　　　　金　　　　　円
　(7)　慰謝料　　　　　　　　　　　　　金　　　　　円
6　よって、原告は、被告に対し、国家賠償法第1条第1項の規定に基づき請求の趣旨記載の金員の支払いを求める。

　　　　　　　　　　　証拠方法
1　甲第1号証　　　交通事故証明書
2　甲第2号証　　　診断書
3　甲第3号証　　　休業損害証明書
4　甲第4号証　　　診療報酬明細書
5　甲第5号証　　　通院交通費明細書
6　甲第6号証　　　損害賠償額計算書
7　甲第7号証の1から甲第7号証の50　　領収書

　　　　　　　　　　　附属書類
1　訴状副本　　　　　　　1通
2　甲号証写し　　　　　　各2通
以上

Q 31 ──公務員が公用車の運転中に人身事故を起こした場合は、どうなりますか

(1) 「請求の趣旨」の中の「仮執行宣言」とは、判決が確定する前に強制執行をすることができる効力を与える裁判をいいます。例えば、上記の場合、治療費などの支払いも必要になり、判決の確定を待つと被害者が保護されないからです。
(2) 国家賠償請求訴訟の仕方は、一般の通常の民事訴訟の仕方と同じです。

3 休日のマイカー運転の事故

公務員が休日にマイカーで人身事故を起こした場合には、公務員の公務とは無関係ですから、国家賠償法第1条第1項の規定や使用者責任を規定する民法第715条の規定も適用されず、一般の不法行為として民法第709条の規定が適用されます。

被告とする者は、私人としての公務員個人を被告として通常の損害賠償請求訴訟を提起することになります。

4 休日のマイカー運転では通常の民事訴訟

公務員が休日にマイカーで公務と無関係に人身事故を起こした場合には、一般の不法行為として民法第709条の規定が適用されますが、その場合の訴状の例は上記とほぼ同様になります。ただし、被告は運転者本人となります（詳細は『自動車事故・対応マニュアル』（緑風出版）参照）。

Q32 公務員が職務上知り得た住民の秘密を漏らした場合は、どうなりますか

1 住民の秘密を漏らした場合

　公務員が職務上知り得た住民の秘密を漏らした場合は、地方公務員法第34条の公務員の守秘義務に違反する犯罪となるほか、漏洩の仕方によっては刑法第230条の名誉毀損罪が成立する場合もありますが、民事上は、公権力の行使に当たる公務員が法令に違反して住民の秘密を漏洩した場合は、国家賠償法第1条第1項の規定にもとづいて自治体に対して損害賠償請求をすることができます（「公権力の行使」の意味については本章Q29参照）。

　公務員が守秘義務を負う秘密には、地方自治法第34条第1項に規定する「職務上知り得た秘密」と、地方自治法第34条第2項に規定する「職務上の秘密」（例えば、税務職員の保管する滞納者の滞納額）とがあります（第1章Q20参照）。

2 公務員の守秘義務違反と国家賠償請求

　公務員が職務上知り得た住民の秘密を漏らした場合に国家賠償法第1条第1項の規定に基づいて損害賠償請求訴訟をする場合の訴状の例は、次の通りです。

訴　　状

平成○年○月○日

○○地方裁判所　御中

原告　　○○○○（印）

〒000-0000　○県○市○町○丁目○番○号（送達場所）

                原告　　〇〇〇〇
                （電話 000-000-0000）

　　〒000-0000　〇県〇市〇町〇丁目〇番〇号　〇市役所
                被告　　〇市
                代表者〇市市長　　〇〇〇〇

損害賠償請求事件
　　訴訟物の価額　　500万円
　　貼用印紙額　　　3万円

第1　請求の趣旨
　1　被告は、原告に対し、金500万円及びこれに対する本訴状送達の日の翌日から完済まで年5分の割合による金員を支払え。
　2　訴訟費用は被告の負担とする。

第2　請求の原因
　1　原告は、〇県〇市に住所を有する者であり、かつ、同市〇町二丁目において印刷業を営む自営業者である。被告は、〇市税務課に勤務する公務員Aを雇用する普通地方公共団体である。
　2　被告の公務員Aは、平成〇年〇月〇日、原告の同業者である株式会社B印刷の代表者代表取締役Cに対して「原告Xは、現在までに2年分の税金〇〇〇万〇〇〇〇円を滞納している」旨の職務上知り得た事実を漏洩したほか、「近く倒産する噂もある」と言って虚偽の風説を流布し、原告の社会的信用を毀損し及び原告の業務を妨害したものである。
　3　被告の公務員Aの上記第2の2記載の行為によって、原告の社会的信用及び名誉が著しく毀損されて原告は甚大な無形的損害を被ったが、その損害は、金銭に換算すると金500万円を下

らない。
 4　よって、原告は、被告に対し、国家賠償法第1条第1項の規定に基づき請求の趣旨記載の金員の支払いを求める。

証拠方法

1　甲第1号証　株式会社B印刷の代表取締役C作成の「陳述書」

附属書類

1　訴状副本　　　　1通
2　甲号証写し　　各2通
以上

Q33 市立小学校教員が体育の授業で跳び箱を強制して児童に怪我をさせた場合は、どうなりますか

1　教員の授業と公権力の行使

　市立小学校教員が体育の授業で跳び箱を強制して児童に怪我をさせた場合は、公立学校の公務員による教育活動は「公権力の行使」に当たりますから、国家賠償法第1条第1項の規定によって公務員の所属する自治体を被告として損害賠償請求訴訟を提起することができます。学校事故について国家賠償法が問題となるのは国公立学校であり、私立学校については民法の不法行為の規定が適用されます。

　公立学校の事故は、①国家賠償法第1条第1項の規定が適用される公立学校の公務員の故意または過失による場合と、②国家賠償法第2条の規定が適用される公立学校の施設の設置や管理に瑕疵（欠陥）があった場合とに分けられます（②の施設の設置や管理の瑕疵については第4章Q36参照）。このQ33は、①の例に当たります。

　公立学校の教師の教育活動が「公権力の行使」に当たるかどうかについては、判例は、国家賠償法第1条第1項の「公権力の行使」には、公立学校における教師の教育活動も含まれると解しています。更に、公務員の故意または過失の認定について、判例は、学校の教師は、学校における教育活動によって生ずるおそれのある危険から児童・生徒を保護すべき義務を負っているとしています。

2　教員の過失と国家賠償請求

　市立小学校教員が体育の授業で跳び箱を強制して児童に怪我をさせた場合に法定代理人（親権者）の父が国家賠償法第1条第1項の規定に基づいて損害賠償請求訴訟をする場合の訴状の例は、次の通りです。

訴　　状

平成○年○月○日

○○地方裁判所　御中

　　　　　　　　　　原告法定代理人親権者父　　○○○○（印）

　　　〒000-0000　○県○市○町○丁目○番○号
　　　　　　原告　　○○○○
　　　〒000-0000　○県○市○町○丁目○番○号（送達場所）
　　　　　　原告法定代理人親権者父　　○○○○
　　　　　　　（電話 000-000-0000）

　　　〒000-0000　○県○市○町○丁目○番○号　○市役所
　　　　　　被告　　○市
　　　　　　　　代表者○市市長　　○○○○

損害賠償請求事件
　訴訟物の価額　　455万円
　貼用印紙額　　　2万8,000円

第1　請求の趣旨
　1　被告は、原告に対し、金455万円及びこれに対する本訴状送達の日の翌日から支払済みまで年5分の割合による金員を支払え。
　2　訴訟費用は被告の負担とする。

第2　請求の原因
　1　原告（平成○年○月○日生）は、父○○○○、母○○○○の長女で、本件事件のあった平成○年○月○日当時、満8歳で○市立A小学校の3年1組に在学する児童であった。被告は、○

市立Ａ小学校の教員Ｂを雇用する普通地方公共団体である。
2　被告の〇市立Ａ小学校の教員Ｂは、平成〇年〇月〇日午前11時頃、〇市立Ａ小学校の３年１組の体育の授業において、当時、風邪で体調の良くなかった原告に対して、原告本人が不可能だというのを無視し原告の身長より高い跳び箱を跳ぶよう原告に強制した結果、原告は、跳び箱から斜めに落下して頭部及び顔面を強打し、頭部・顔面打撲傷、外傷性クモ膜下血腫、上左右各第１歯破折脱臼、同各第２歯脱臼の傷害を負った。
3　学校の教師は、学校における教育活動により生ずるおそれのある危険から児童を保護すべき義務を負っており、危険を伴う体育の授業の指導をするために十分な措置を講じるべき注意義務があることは言うまでもないが、本件被告の〇市立Ａ小学校の教員Ｂには、そのなすべき必要な注意を怠り、結果を回避すべき必要な措置を怠った過失がある。
4　原告の受けた損害は、次の通りである。
　　(1)　義歯補綴費用　　　　　　　　　　　　　　　　　　円
　　(2)　治療費　　　　　　　　　　　　　　　　　　　　　円
　　(3)　付添看護費　　　　　　　　　　　　　　　　　　　円
　　(4)　入院雑費　　　　　　　　　　　　　　　　　　　　円
　　(5)　通院交通費　　　　　　　　　　　　　　　　　　　円
　　(6)　傷害慰謝料　　　　　　　　　　　　　　　　　　　円
5　よって、原告は、被告に対し、国家賠償法第１条第１項の規定に基づき請求の趣旨記載の金員の支払いを求める。

証拠方法

1　甲第１号証　　　診断書
2　甲第２号証　　　戸籍謄本
3　甲第３号証の１ないし甲第３号証の30　　領収書

```
                    附属書類
    1   訴状副本            1通
    2   甲号証写し          各2通
    以上
```

(1) 原告が未成年者の場合は、法定代理人（上例の場合は親権者の父）が訴訟を追行することになります。
(2) 法定代理人であることを証するために戸籍謄本を提出します。
(3) 公立学校内の体罰（例えば、殴打による暴行や傷害）の場合も、上例と同様になります。

Q 33 ——市立小学校教員が体育の授業で跳び箱を強制して児童に怪我をさせた場合は、どうなりますか

Q34
警察官が住民を精神病院に入れる目的で違法に逮捕・監禁した場合は、どうなりますか

1 警察官の職権濫用行為

　警察の職務を行う者が、その職権を濫用して人を逮捕または監禁した場合は、刑法第194条に規定する特別公務員職権濫用罪の犯罪となりますが、その民事責任は、国家賠償法第1条第1項の規定に基づき警察官の所属する自治体（都道府県）を被告として損害賠償請求訴訟を提起することになります。特別公務員職権濫用罪は特別公務員（司法警察員、検察官、裁判官）の身分を有する者が犯すことのできる身分犯ですが、その犯罪行為に加功（加担）した身分のない者も共犯とされます。身分のない共犯者は、民法第719条の規定により共同不法行為者として被告とされます。共同不法行為者の責任について民法第719条は次のように規定しています。

> 民法第719条
> ① 数人が共同の不法行為によって他人に損害を加えたときは、各自が連帯してその損害を賠償する責任を負う。共同行為者のうち、いずれの者がその損害を加えたかを知ることができないときも、同様とする。
> ② 行為者を教唆した者および幇助した者は、共同行為者とみなして、前項の規定を適用する。

(1)　「各自が連帯して」とは、複数の者が不法行為を共同してなした場合に被害者の救済を厚くするため各共同不法行為者に対して、発生した損害について全額の連帯責任を負わせることをいいます。「連帯して」とは、不真正連帯債務（複数の債務者の中の1人が債務を履行すると他の債務者の債務も消滅する関係）を負担することを意

味します。

(2) 共同不法行為の態様として、①複数の者が共同の不法行為をした場合（例えば、ＡＢＣの３人がＸを殴打して怪我をさせた場合）、②複数の者の共同不法行為で加害者が不明の場合（例えば、ＡＢＣと喧嘩をしていて誰がＸを傷つけたかが分からない場合）、③教唆をした者（そそのかした者）や幇助をした者（助けた者）である場合の３つがありますが、いずれも場合も共同不法行為者となります。

2　警察官の職権濫用行為と国家賠償請求

　元警察官Ａが、Ｂ巡査部長とＣ巡査を教唆して住民を精神病院に入れる目的で違法に逮捕・監禁した場合に国家賠償法第１条第１項の規定に基づいて損害賠償請求訴訟をする場合の訴状の例は、次の通りです。

訴　状

平成○年○月○日

○○地方裁判所　御中

原告　　○○○○（印）

　　〒000-0000　○県○市○町○丁目○番○号（送達場所）
　　原告　　○○○○
　　　　（電話 000-000-0000）

　　〒000-0000　○県○市○町○丁目○番○号　○県県庁
　　被告　　○県
　　　　代表者○県知事　　○○○○

　　〒000-0000　○県○市○町○丁目○番○号
　　被告　　　Ａ

Q34──警察官が住民を精神病院に入れる目的で違法に逮捕・監禁した場合は、どうなりますか

損害賠償請求事件
　　訴訟物の価額　　654万3,210円
　　貼用印紙額　　　3万8,000円

第1　請求の趣旨
　1　被告らは、原告に対し、連帯して金654万3,210円及びこれに対する平成○年2月5日から支払済みまで年5分の割合による金員を支払え。
　2　訴訟費用は被告らの負担とする。

第2　請求の原因
　1　原告は、喫茶店の従業員として稼働している者である。被告○県は、公権力の行使に当たる公務員であるB巡査部長及びC巡査を雇用する普通地方公共団体であり、B巡査部長及びC巡査は、平成○年2月4日当時、○県○警察署に所属していた者である。被告Aは、平成○年2月4日当時、○県○警察署の○課課長の地位にあった者である。
　2　平成○年2月4日午後8時30分頃、原告が自宅でテレビを見ていた時に被告A、B巡査部長及びC巡査（以下、これらを併せて「警察職員ら」という。）の3名が突然原告の自宅に上がり込み、共同して原告の頭部や顔面を激しく殴打して暴行を加えて原告の両手に手錠を掛けて口にガムテープを張りつけ身体活動の自由を奪い、原告所有のコートを原告の頭からかぶせて原告を自宅から引き釣り出してパトカー内に監禁したのである。その後、警察職員らは、○県○市○町○丁目○番○号所在の精神病院Xへパトカーで違法に連行したのである。この際に、原告は、頭部・顔面打撲傷、外傷性クモ膜下出血の傷害を受けたのである。
　3　被告Aと原告とは、平成○年2月4日当時、いわゆる不倫関

係にあって、被告Aは、原告から慰謝料の支払いを求められていたので、原告を精神障害者にして強制的に入院させることを企てたのである。精神保健及び精神障害者福祉に関する法律第33条第1項では、精神障害者に対しては、本人の同意がなくても強制的に入院させることができることから、被告Aは、この規定を悪用して原告を精神病院に強制的に入院させることを企てたのである。

4　B巡査部長及びC巡査は、故意または過失により被告Aの教唆により原告に対して暴行を加え違法な逮捕・監禁行為に及んだものであり、これらの行為は、普通地方公共団体たる被告○県の公務員が公権力の行使として行ったものであるから、被告○県は、国家賠償法第1条第1項の規定により原告に生じた損害を賠償する責任がある。

5　被告Aは、故意または過失により本件暴行、傷害、逮捕、監禁の各違法な行為に及んだものであるから、民法第709条の規定により原告に生じた損害を賠償する責任がある。

6　原告は、被告らによる共同不法行為により、全治3箇月を要する頭部・顔面打撲傷、外傷性クモ膜下出血の傷害を受けたのであり、これらの傷害による損害のほか原告が被告らの共同不法行為によって受けた精神的苦痛は金銭に換算すると100万円を下らない。

7　原告の受けた損害は、次の通りである。
　(1)　治療費　　　　　　　　　　　　　　　　　　　（略）　円
　(2)　付添看護費　　　　　　　　　　　　　　　　　（略）　円
　(3)　入院雑費　　　　　　　　　　　　　　　　　　（略）　円
　(4)　通院交通費　　　　　　　　　　　　　　　　　（略）　円
　(5)　慰謝料　　　　　　　　　　　　　　　　　　100万円

8　よって、原告は、被告らに対し、被告Aについては民法第709条及び民法第719条の規定による損害賠償請求権に基づき、また、

被告〇県については国家賠償法第1条第1項及び民法第719条の規定による損害賠償請求権に基づき、それぞれ連帯して請求の趣旨記載の金員の支払いを求める。

証拠方法

1　甲第1号証　　　診断書
2　甲第2号証　　　休業損害証明書
3　甲第3号証　　　診療報酬明細書
4　甲第4号証　　　通院交通費明細書
5　甲第5号証の1ないし甲第5号証の20　　領収書

附属書類

1　訴状副本　　　　1通
2　甲号証写し　　　各2通
以上

(1) 上例は、複数の者が共同の不法行為をした場合ですから、民法第719条の規定により各自が連帯して損害賠償責任を負うことになります。
(2) 慰謝料の金額の積算根拠は、立証（証明）することが不可能ですから、一定金額を主張するだけで足ります。

第 4 章●
公務員の民事責任を追及する「道具」の法律は、どうなっていますか

Q36 国家賠償法とは、どんな法律ですか

1　国家賠償法とは

　国家賠償法とは、憲法第17条の「何人も、公務員の不法行為により損害を受けたときは、法律の定めるところにより国または公共団体にその賠償を求めることができる。」とする規定を受けて、①自治体や国の公務員の不法行為（故意や過失により他人の権利を侵害する行為）による損害賠償責任や②道路その他の公の施設の設置管理の瑕疵（欠陥）による損害賠償責任について規定した昭和22年に公布した全6条の法律をいいます。

　明治22年に公布された大日本帝国憲法では、国家無答責の原則（国は責任を負わないという原則）が採用され、国や公共団体の不法行為について国民が救済されることはありませんでした。敗戦後の新憲法によって初めて国や自治体の不法行為について国家賠償法が制定されて国民の救済が図られたのです。

　国家賠償法は全部で6条の短い法律ですが、大別すると①自治体や国の公権力の行使に当たる公務員が職務を行うについて他人に損害を加えた場合の損害賠償責任（第1条）と②道路・河川その他の公の施設の設置や管理の瑕疵（欠陥）により他人に損害を生じた場合の損害賠償責任（第2条）について規定しています。

2　国家賠償法第1条の公務員の加害行為

　国家賠償法第1条は、公務員の加害行為による損害賠償責任について次のように規定しています。

> 国家賠償法第1条
> ①　国または公共団体の公権力の行使に当たる公務員が、その職

> 務を行うについて、故意または過失によって違法に他人に損害を加えたときは、国または公共団体が、これを賠償する責に任ずる。
> ② 前項の場合において、公務員に故意または重大な過失があったときは、国または公共団体は、その公務員に対して求償権を有する。

(1) 国家賠償法第1条第1項は、上記1に述べた通り、憲法第17条の規定を受けて、公権力の行使（私人に対し命令し強制する権限の行使）に当たる公務員がその職務を行うについて故意または過失により他人に損害を加えた場合には、国や公共団体に賠償責任があることを規定しています（「公権力の行使」「国」「公共団体」の意味については第3章Q29参照）。公権力の行使とは、例えば、①許可・認可の各申請に対する処分、②警察官の捜査権限の行使、③公立学校のスクールバスの運行、④市町村の印鑑証明行為、⑤公立学校の授業の水泳訓練があります（Q37参照）。

(2) 国家賠償法第1条第1項が適用され、国や公共団体の賠償責任が認められるには、次の要件を満たす必要があります。

> ① その行為の主体が、国や公共団体の公権力の行使に当たる公務員であること
> ② その行為が公務員の職務行為であること
> ③ 加害行為をした公務員に故意または過失があること
> ④ 公務員の職務行為に違法性があること
> ⑤ 被害者の権利または法律上保護される利益が侵害されたこと
> ⑥ 被害者に損害が発生したこと
> ⑦ 公務員の加害行為と損害との間に因果関係が存在すること

(3) 国家賠償法第1条第1項は「国または公共団体が、これを賠償す

る責に任ずる」と規定しているので、責任の主体は、その公務員の属する国または公共団体であり、判例によると、公務員個人は賠償責任を負わないと解しています。

(4) 国家賠償法第1条第1項の制度と類似の制度に民法第715条の使用者責任の制度があります。使用者責任とは、例えば、会社Aの雇用する従業員Bが会社の業務中の人身事故で第三者に怪我を負わせた場合は、被害者は会社Aに対して損害賠償請求ができる制度をいいます。なぜ、加害者でもない会社Aが損害賠償責任を負うのかについては報償責任の原理によるものと説明されています。報償責任の原理とは、使用者が自分のために従業員を使用することにより利益を上げている以上、使用者は従業員による事業活動の危険も負担すべきであるとする考え方をいいます。この場合の使用者の負う責任は、従業員が負担する責任を使用者が代わって負担するもの（代位責任説）と考えられています。

被害者が加害者（従業員）を雇用する使用者に対して民法第715条の規定により損害賠償請求をすることができる場合でも、被害者は、加害者自身に対して民法第709条の規定により損害賠償請求をすることができます。この場合の使用者の損害賠償債務と加害者の損害賠償債務とは不真正連帯債務の関係（複数の債務者の1人が弁済すると他の債務者の債務も消滅する関係）に立ちます。

(5) 国家賠償法第1条第2項は、公務員の個人責任について、その公務員に故意または重大な過失があったときは、国または公共団体は、その公務員に対して求償権（弁済した者が他人に返還を求める権利）を有すると規定しています。

3　国家賠償法第2条の公の施設の管理責任

国家賠償法第2条は、道路・河川その他の公の施設（例えば、橋、トンネル、信号機、公立学校施設、市町村立公園）の設置や管理に瑕疵（欠陥）があった場合の国や公共団体の損害賠償責任について次のように規定して

います。

> 国家賠償法第2条
> ① 道路、河川その他の公の営造物の設置または管理に瑕疵があったために他人に損害を生じたときは、国または公共団体は、これを賠償する責に任ずる。
> ② 前項の場合において、他に損害の原因について責に任ずべき者があるときは、国または公共団体は、これに対して求償権を有する。

(1) 「公の営造物」とは、国や公共団体によって直接公の目的に供用される個々の物的施設や有体物をいいます。「公の営造物」の規定は、物の設置や管理に関する責任に主眼が置かれていますから、行政主体（自治体や国）により公の目的に供用される有体物（不動産や動産）を意味します。判例が「公の営造物」に当たるとしたものには、①警察署所属の公用車、②市の移動図書館用自動車、③自衛隊機、④自衛隊の砲弾、⑤臨海学校の飛び込み台、⑥警察官の拳銃、⑦道路供用開始処分のない道路、⑧市の所有する水路、⑨社会福祉目的の市町村の所有する施設などがあります。

(2) 「瑕疵」とは、営造物が通常有すべき安全性を欠いていることをいいます。設置の瑕疵とは、設計の不備、材料の粗悪など設計や建造に不完全な点のある原始的瑕疵をいいます。管理の瑕疵とは、建造後の維持、修繕、保管に不完全な点のある後発的瑕疵をいいます。例えば、市道の中央付近に直径約1メートルの穴が開いて陥没しているのに市の公務員が放置しているような場合は管理の瑕疵となります。

(3) 「公の営造物の設置または管理に瑕疵があった」場合に国や公共団体が損害賠償責任を負うのであって、過失の存在は必要とされていません。事故の発生が通常予測できない場合には、設置または管

理に瑕疵はないとされます。

(4) 国家賠償法第2条第1項が適用され、国や公共団体の賠償責任が認められるには、次の要件を満たす必要があります。国や公共団体の過失の存在を必要としません。

> ① 設置または管理に瑕疵のある物が「公の営造物」であること
> ② 公の営造物の設置または管理に瑕疵があること
> ③ 被害者の権利が侵害されたこと
> ④ 損害が発生していること
> ⑤ 損害賠償請求の相手方が国または公共団体であること
> ⑥ 公の営造物の設置または管理の瑕疵と損害との間に因果関係があること

(5) 国家賠償法第2条第2項は、公の営造物の設置や管理の瑕疵（欠陥）による損害の原因について他に責任を有する者があるときは、国または公共団体は、その者に対して求償権（弁済した者が他人に返還を求める権利）を有すると規定しています。

Q36
国家賠償法による損害賠償請求は、どうするのですか

1　国家賠償法による損害賠償請求

　国家賠償法による損害賠償請求は、国家賠償法第1条第1項、同法第2条第1項、民法第719条などの各規定に従って、民事訴訟法による訴訟手続により国家賠償請求訴訟を提起することになります。

　国家賠償請求訴訟の手続は、通常の損害賠償請求訴訟（例えば、交通事故の被害者から加害者に対する損害賠償請求）の手続と同様になりますが、注意する点は次の通りです。

(1)　国家賠償請求訴訟の被告は、公共団体（自治体など）や国となりますから、訴状には次のような表示をします。違法行為（不法行為）をした公務員個人を被告とすることはできません。

　①　被告が県の場合の例（都道府県とも同様に表示します）
　　〒000-0000　○県○市○町○丁目○番○号　　○県庁
　　　　　　　被告　○県
　　　　　　　　　代表者○県知事　　○○○○

　②　被告が市の場合の例（市町村とも同様に表示します）
　　〒000-0000　○県○市○町○丁目○番○号　　○市役所
　　　　　　　被告　○市
　　　　　　　　　代表者○市長　　○○○○

　③　被告が国の場合の例
　　　　　　　被告　国　　（住所は不要）
　　　　　　　　　代表者法務大臣　　○○○○

(2)　訴状の「訴訟物の価額」（訴額）が140万円以下の場合は、訴状は、原告の住所地を管轄する簡易裁判所あてに提出しますが、国家賠償請求訴訟の場合は民事訴訟法第18条の規定により簡易裁判所の職

権で地方裁判所へ移送される場合があります。
(3) 訴状に貼付する収入印紙（裁判の手数料）の金額は、民事訴訟費用等に関する法律に規定されていますが、例を示すと次のようになっています。

訴訟物の価額	収入印紙額	訴訟物の価額	収入印紙額
10万円の場合	1,000円	300万円の場合	20,000円
20万円の場合	2,000円	400万円の場合	25,000円
30万円の場合	3,000円	500万円の場合	30,000円
40万円の場合	4,000円	600万円の場合	34,000円
50万円の場合	5,000円	700万円の場合	38,000円
60万円の場合	6,000円	800万円の場合	42,000円
70万円の場合	7,000円	900万円の場合	46,000円
80万円の場合	8,000円	1000万円の場合	50,000円
90万円の場合	9,000円	2000万円の場合	80,000円
100万円の場合	10,000円	3000万円の場合	110,000円
140万円の場合	12,000円	4000万円の場合	140,000円
160万円の場合	13,000円	5000万円の場合	170,000円
200万円の場合	15,000円	6000万円の場合	200,000円

(4) 国家賠償請求訴訟の手続は本書の著者による『絶対に訴えてやる！』（緑風出版）9頁〜86頁参照。

2 国家賠償法第2条による損害賠償請求

　国家賠償法第1条第1項が適用される公務員の不法行為に対する損害賠償請求については第3章で詳しく述べましたので、以下には、国家賠償法第2条第1項が適用される公の営造物の設置や管理の瑕疵の場合について説明します。次の例は、幹線道路の市道に自然沈下により直径約1メートルの円形状の穴が生じているのに放置していたため原動機付自転車に乗っ

ていた被害者が穴に前輪を落輪させて横転し傷害を負った例ですが、この場合の国家賠償請求訴訟の訴状は次のようになります。

訴　　状

平成○年○月○日

○○地方裁判所　御中

　　　　　　　　　　　　　　　　　　原告　　○○○○（印）

　　　〒000-0000　○県○市○町○丁目○番○号（送達場所）
　　　　原告　　○○○○
　　　　　　　（電話 000-000-0000）

　　　〒000-0000　○県○市○町○丁目○番○号　○市役所
　　　　被告　　○市
　　　　　　代表者○市長　　○○○○

損害賠償請求事件
　　訴訟物の価額　　987万6,543円
　　貼用印紙額　　　5万円

第1　請求の趣旨
　1　被告は、原告に対し、金987万6,543円及びこれに対する平成○年2月4日から支払済みまで年5分の割合による金員を支払え。
　2　訴訟費用は被告の負担とする。

第2　請求の原因
　1　原告は、平成○年2月4日午前5時30分頃、原動機付自転車を運転して新聞配達の業務に従事中、○市の管理する○市市道○号線を北進している時に○県○市○町○丁目○番○号地先の

市道にあった直径約１メートルの円形状の穴に前輪が入って転倒し頭部・顔面打撲傷、外傷性クモ膜下血腫、上左右第１歯破折脱臼の各傷害を負った。
2　本件事故は、道路管理者である被告の道路管理の瑕疵に起因するものである。本件事故発生当時、被告は、本件市道の補修方法を検討していたが、直径約１メートルの円形状の穴が開いていたことを知りながら、防護柵（バリケード）、照明灯、赤色標識柱その他の危険防止に必要な設備を設置しなかったのである。被告は、通行上の危険を知りながら必要な措置を取らなかったのであり、本件市道の管理の瑕疵は明白である。原告は、本件市道の管理の瑕疵により受傷したのであるから、国家賠償法第２条第１項の規定により、被告には、その受傷によって生じた損害について賠償する責任がある。
3　原告の受けた損害は、次の通りである。
　(1)　治療費　　　　　　　　　　　　　　　（略）　円
　(2)　付添看護費　　　　　　　　　　　　　（略）　円
　(3)　入院雑費　　　　　　　　　　　　　　（略）　円
　(4)　通院交通費　　　　　　　　　　　　　（略）　円
　(5)　義歯補綴費用　　　　　　　　　　　　（略）　円
　(6)　休業損害　　　　　　　　　　　　　　（略）　円
　(7)　慰謝料　　　　　　　　　　　　　　　（略）　円
4　よって、原告は、被告に対し、国家賠償法第２条第１項の規定に基づき請求の趣旨記載の金員の支払いを求める。

証拠方法

1　甲第１号証　　診断書
2　甲第２号証　　診療報酬明細書
3　甲第３号証　　休業損害証明書
4　甲第４号証　　通院交通費明細書

```
5    甲第5号証      義歯補綴費用明細書
6    甲第6号証の1ないし甲第6号証の20    領収書
7    甲第7号証      道路図面
8    甲第8号証      現場写真

                    附属書類
1    訴状副本        1通
2    甲号証写し      各2通
以上
```

(1) 被告は、市道の管理者である公共団体（市）となります。
(2) 「請求の趣旨」の遅延損害金の起算日は不法行為日としています。
(3) 瑕疵の内容は、防護柵（バリケード）、照明灯、赤色標識柱その他の危険防止に必要な設備を設置しなかった事実を指摘します。瑕疵とは、判例によると「営造物が通常有すべき安全性を欠いていること」であるとしています。
(4) 営造物の設置または管理の瑕疵について公務員の過失の存在は必要としません。従って、公務員の故意または過失について訴状で特に主張する必要もありません。

Q37 公務員の「公権力の行使」に当たらない不法行為に対する損害賠償は、どうするのですか

1　公権力の行使に当たらない不法行為

　公務員の「公権力の行使」に当たらない不法行為に対する損害賠償は、民法第715条または民法第709条の規定にもとづき通常の損害賠償請求訴訟を提起することになります。国家賠償法の適用領域と民法の不法行為法（民法第709条ほか）の適用領域を分ける分水嶺をなす概念は公務員の不法行為が「公権力の行使」に当たるかどうかという点にあります。

　裁判例の基準は必ずしも明確でなく、例えば、国公立病院での医療過誤事故については民法の規定が適用されるとし、公務員の行政指導や事実の公表についても民法の規定が適用される場合もあるとしています。結局、裁判例は首尾一貫していないと言えますが、その理由は、国家賠償法と民法の不法行為法との規定の間に大差がないからだとも考えられます。

　裁判例が「公権力の行使」に当たるとした例には、次の例があります。
  (1)　県立高校教諭のクラブ活動の指導監督
  (2)　銃刀法の権限による玩具拳銃の製造中止を求める行政指導
  (3)　事前相談形式による行政指導
  (4)　公立学校の授業中の事故
  (5)　公立学校の実施する修学旅行
  (6)　インフルエンザ予防注射の勧奨接種
  (7)　県立養護学校のスクールバスの運転
  (8)　刑務所の収監者への医療行為（虫垂炎の手術）

裁判例が「公権力の行使」に当たらないとした例には、次の例があります。
  (1)　保健所の医師のレントゲン写真の誤読影による検診結果報告
  (2)　国公立病院の医師の一般の医療行為
  (3)　旧郵政省の郵便物の取り扱いや年賀葉書の発売

2　公権力の行使に当たらない不法行為に対する損害賠償請求

　公務員の「公権力の行使」に当たらない不法行為に対する損害賠償請求訴訟の訴状の例を市民病院医師の医療過誤の例で見ると次のようになります。

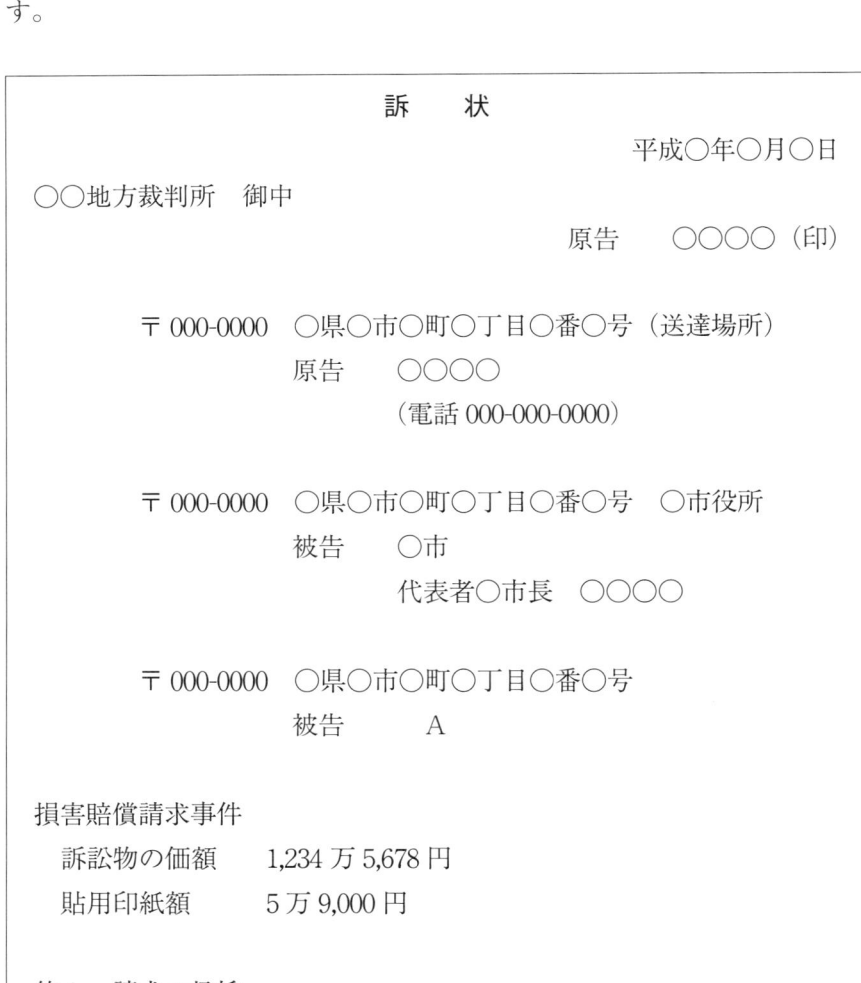

訴　　状

　　　　　　　　　　　　　　　　　　　　　　平成○年○月○日
○○地方裁判所　御中

　　　　　　　　　　　　　　　　　　　原告　　○○○○（印）

　　　　〒000-0000　○県○市○町○丁目○番○号（送達場所）
　　　　　　原告　　○○○○
　　　　　　　　（電話 000-000-0000）

　　　　〒000-0000　○県○市○町○丁目○番○号　○市役所
　　　　　　被告　　○市
　　　　　　　　代表者○市長　　○○○○

　　　　〒000-0000　○県○市○町○丁目○番○号
　　　　　　被告　　　A

損害賠償請求事件
　　訴訟物の価額　　1,234万5,678円
　　貼用印紙額　　　5万9,000円

第1　請求の趣旨
　1　被告らは、原告に対し、各自、金1,234万5,678円及びこれに

対する本件訴状送達の日の翌日から支払済みまで年5分の割合による金員を支払え。
2　訴訟費用は被告らの負担とする。
3　仮執行宣言

第2　請求の原因
1　原告は、平成○年2月8日午前9時30分頃、○市市民病院の医師Aにより急性虫垂炎との診断を受けて同病院に入院し虫垂摘出手術を受けた者である。被告○市は、○市市民病院の医師として被告Aを雇用している普通地方公共団体である。被告Aは、○市市民病院の医師として雇用されている者である。
2　原告は、平成○年2月8日午前8時頃、右下腹部に急激に激しい痛みを覚え、救急車で○市市民病院に搬送され、同病院の医師被告Aの診察を受けたところ、被告Aから急性虫垂炎との診断がなされ、直ちに虫垂摘出手術を受け、その後、2週間の経過観察を経て、被告○市の市民病院を退院した。退院後、1週間自宅で休養した後会社の勤務に復帰したが、勤務に復帰した2カ月後ころから、歩行中に腹痛を覚えたり、右下腹部に痛みが残っているような感じがしていた。そこで、原告は、他の2箇所の病院で診察を受けたが、虫垂摘出の手術痕があることから、いずれの病院でも虫垂炎に起因するものであるとの診断をなされず、原因不明のまま通院をしていた。
3　その後、平成○年9月7日午前6時頃、原告は、急激に下腹部の激痛に襲われ○県○市○町の○○病院に救急車で緊急入院をし開腹手術を受けた結果、原告の腹部には、なお虫垂が残っていて、それが化膿して虫垂粘膜嚢腫及び汎発性腹膜炎を併発していたのである。原告は、被告Aの医療過誤による重大な過失により、○○病院で手術を受けた後、同病院で9箇月間も入院治療を受けることとなったのである。

4　被告Ａは、原告の虫垂摘出手術を行うに当たり、虫垂全部を完全に摘出する必要があることを知りながら、被告Ａの重大な過失により原告の虫垂全部を完全に摘出することを怠ったのである。従って、被告Ａは、民法第709条の規定により原告に対して損害賠償責任を負うものである。

5　被告○市は、被告Ａを雇用する○市市民病院の運営主体であり、民法第715条の規定により使用者責任を負うものである。

6　原告の受けた損害は、次の通りである。
　(1)　治療費　　　　　　　　　　　　　　　（略）　円
　(2)　付添看護費　　　　　　　　　　　　　（略）　円
　(3)　入院雑費　　　　　　　　　　　　　　（略）　円
　(4)　通院交通費　　　　　　　　　　　　　（略）　円
　(5)　休業損害　　　　　　　　　　　　　　（略）　円
　(6)　逸失利益　　　　　　　　　　　　　　（略）　円
　(7)　慰謝料　　　　　　　　　　　　　　　（略）　円

7　よって、原告は、被告らに対し、被告○市については民法第715条の規定による損害賠償請求権に基づき、また、被告Ａについては民法第709条の規定に基づき、それぞれ連帯して請求の趣旨記載の金員の支払いを求める。

　　　　　　　　　　　　証拠方法

1　甲第1号証　　　診断書
2　甲第2号証　　　休業損害証明書
3　甲第3号証　　　診療報酬明細書
4　甲第4号証　　　通院交通費明細書
5　甲第5号証　　　損害賠償額計算書
6　甲第6号証の1ないし甲第6号証の60　　　領収書

```
              附属書類
  1  訴状副本      1通
  2  甲号証写      各2通
以上
```

(1) 被告○市に使用者責任が成立する場合には、被害者は、被用者（被告Ａ）を相手どって民法第709条の規定により損害賠償請求をすることができます。被害者に対する被用者（被告Ａ）の損害賠償債務と、被害者に対する使用者の損害賠償債務とは、不真正連帯債務の関係（複数の債務者の一人が債務を履行すると他の債務者の債務も消滅するという関係）に立ちます。

(2) 民法第715条第3項では、使用者が債務を履行した（弁済した）場合には被用者に対して求償（弁済した者が他人に返還を求めること）をすることができるとしています。逆に、被用者が弁済した場合は使用者に対して求償（逆求償）はできないとされています。

(3) 医療過誤訴訟については患者（原告）と医師または医療機関（被告）との間に診療契約が成立していますから、民法第415条に規定する債務不履行責任（契約不履行責任）を問う場合もあります。民法第415条は債務不履行責任（契約不履行責任）について次のように規定しています。

> 民法第415条
> 債務者がその債務の本旨に従った履行をしないときは、債権者は、これによって生じた損害の賠償を請求することができる。債務者の責めに帰すべき事由によって履行をすることができなくなったときも、同様とする。

民法第415条の債務不履行とは、契約により債務（債権者に対して一定の行為をする義務）を負う者（債務者）が契約の本来の目的に従った履行

をしないことをいいます。患者と医師または医療機関との間には診療契約が成立していますから、診療契約の目的に従った履行をしない場合には医師側に債務不履行（契約不履行）の責任が生じます。原告は、債務不履行責任または不法行為責任のいずれか有利と考える方を主張しますが、選択的に両方を主張した場合でも賠償金額には関係ありません。

Q38 住民監査請求の制度は、どのように利用するのですか

1　住民監査請求とは

　住民監査請求の制度とは、自治体（都道府県と市町村）の執行機関（知事、市町村長、教育委員会、監査委員その他）や職員の「違法または不当な」公金支出その他の財務会計行為や怠る事実（職務怠慢）について、住民が、監査委員に対して、その行為や怠る事実の是正・防止・損害の補塡のために必要な措置を求める制度をいいます（地方自治法第242条第1項）。

　「必要な措置」の主なものには、違法または不当な公金支出その他の財務会計行為に対しては、①その行為の事前の防止、②その行為の事後的な是正、③その行為による損害の補塡があり、③により公務員個人の民事責任を追及することができます。また、違法または不当な公金の賦課徴収や財産の管理を怠る事実（職務怠慢）に対しては、①その怠る事実を改めること、②その怠る事実による損害の補塡があり、②により公務員個人の責任を追及することができます。しかし、「必要な措置」とは、これらに限られるものではなく、その公務員を降任させるなどの人事上の措置を求めることもできます。

2　住民監査請求の主な流れ

　住民監査請求の主な流れは、次のようになります。
(1)　住民は、監査委員に対して「住民監査請求書」を提出します。監査委員とは、自治体の執行機関の一つで、①都道府県と25万人以上の市は4人、②その他の市は3人または2人、③町村は2人の監査委員を置くこととされています。
(2)　適法な住民監査請求に対して監査委員は60日以内に監査結果を出します。不適法な住民監査請求は却下（門前払い）をします。

(3) 住民は、60日間の監査期間中に証拠の提出や意見の陳述をすることができます。

(4) 監査委員は、合議によって監査結果を決定し、その結果を住民監査請求をした者や執行機関へ通知するとともに公表をします。監査結果には、住民の請求を認めない棄却(ききゃく)の場合と住民の請求を認めた場合の勧告がありますが、住民の請求を認めない場合でも監査委員の意見を付して改善を求める場合もあります。

(5) 住民は、監査結果に不服がある場合は、監査結果の通知のあった日から30日以内に地方自治法第242条の2に規定する「住民訴訟」を提起することができます。

3　住民監査請求ができる者

　住民監査請求ができる者(請求権者)の範囲は、その自治体(都道府県と市町村)の住民に限られています。この場合の住民には、①自然人(人間のこと)のほか、②会社のような法人、③法人でない団体(市民団体、趣味団体など)も含まれます。

　住民であることという要件は、住民監査請求書の提出時点で満たしているとともに監査結果が出るまでの間は満たしている必要があります。従って、住民監査請求人が転勤で他の自治体に転出したり死亡した場合には請求は却下されます。

　地方自治法第242条の2に規定する「住民訴訟」を提起する場合にも、住民訴訟の係属中は住民の要件を満たしていることが必要です。従って、住民監査請求は、複数の者によって請求するのが無難です。

4　住民監査請求の対象者となる公務員

　住民監査請求の対象者となる公務員は、自治体(都道府県と市町村)の①長(知事、市町村長)、②委員会(教育委員会その他)、③監査委員、④職員(その他の公務員)の4者とされています。住民監査請求書には、これらの公務員を特定する必要がありますが、氏名まで特定する必要はあり

ません。例えば、「○市土木部の氏名不詳の職員」といった特定でもかまいません。

　住民監査請求の対象となる事項は、地方自治法第242条第1項に規定する次の①「違法または不当な」4種類の公金支出や契約締結のような財務会計行為と②「違法または不当な」2種類の怠る事実（不作為＝職務怠慢）とされています。「違法」とは、法令や条例に違反することをいい、「不当」とは、法令や条例に違反しないものの妥当でないことをいいます。

> ①　違法または不当な公金の支出（例えば、カラ出張のための旅費の支出）　　　　　　　　　　　　　　　　（財務会計行為）
> ②　違法または不当な財産の取得・管理・処分（例えば、市有地の著しい低価格による売却）　　　　　　　　（財務会計行為）
> ③　違法または不当な契約の締結・履行（例えば、競争入札による必要のある市有地の随意契約による売買契約の締結）
> 　　　　　　　　　　　　　　　　　　　　　　　　　（財務会計行為）
> ④　違法または不当な債務その他の義務の負担（例えば、予算措置のない補助金の決定）　　　　　　　　　　（財務会計行為）
> ⑤　違法または不当な公金の賦課徴収を怠る事実（例えば、地方税の納付を命じない場合）　　　　　　　（不作為＝職務怠慢）
> ⑥　違法または不当な財産の管理を怠る事実（例えば、市有地が不法に占拠されているのに放置している場合）
> 　　　　　　　　　　　　　　　　　　　　　　　（不作為＝職務怠慢）

　住民監査請求をすることができる期間として、上記の①ないし④の財務会計行為については、その違法または不当な財務会計行為のあった日または終わった日から1年以内とされています。1年を経過した場合は、正当な理由がある場合を除き、住民監査請求をすることができません。「正当な理由」とは、例えば、違法な公金支出が秘密裡になされていたような場合をいいますが、裁判例では正当な理由をほとんど認めません。一方、上

記の⑤と⑥の怠る事実（不作為）については、不作為の性質上、1年の請求期間の制限はありません。

5　住民監査請求書の書式

　住民監査請求書の書式は、地方自治法施行規則に「職員措置請求書様式」として定めていますが、その様式でなくても必要事項が全部記載されておれば縦書きでも横書きでもかまいません。実務上は、次のような横書きの住民監査請求書という表題の書面が用いられています。

　地方自治法第252条の43の規定に基づいて「監査委員の監査に代えて個別外部監査契約に基づく監査」によることができることを条例で定めている自治体の住民は、役立たない従来の監査委員の監査に代えて、この個別外部監査契約による監査を求めることができます。この場合には、次の例のように記載しますが、個別外部監査契約による監査の制度のない自治体の場合は、この部分は記載しません。

住民監査請求書

平成○年○月○日

○市監査委員　殿

　　　　　　請求人　（住所）○県○市○町○丁目○番○号
　　　　　　　　　　（氏名）　（署名をする）　（印）
　　　　　　　　　　（職業）自営業（電話）000-000-0000

　下記の通り地方自治法第242条第1項の規定により別紙事実証明書を添え必要な措置を請求する。併せて、同法第252条の43第1項の規定により、当該請求に係る監査について、監査委員の監査に代えて個別外部監査契約に基づく監査によることを求める。

記

　別紙事実証明書（使用貸借契約書写し、平成○年○月○日付○○新聞38頁の記事）の記載によると、○市長Aは、○市所有の公有財

産である約9,950平米の宅地を〇市〇〇漁業協同組合に無償で使用させて当該宅地賃貸料相当額の公金の賦課徴収を怠り及び財産の管理を怠り当該宅地賃貸料相当額の損害を〇市に与えたことは明白である。本件違法な怠る事実は、地方自治法第242条第1項に規定する公金の賦課徴収を怠る事実又は財産の管理を怠る事実に該当するものである。

　別紙事実証明書（平成〇年〇月〇日付〇〇新聞38頁の記事）によると、同宅地には同漁協経営の有料駐車場もあり同漁協は有料駐車場経営により年間約900万円の売り上げ収入を得ているのである。更に、同漁協は、〇市に無断で同宅地の一部についてガソリンスタンド経営会社に転貸して同会社にガソリンスタンドを経営させているのである。この転貸により同漁協は、年間約890万円を「業務提供費」という名目で受領しているのである。

　〇市公有財産事務取扱規則第〇条では、「①普通財産の貸付に対しては、相当の貸付料を徴収する。②普通財産の貸付料は、毎月又は毎年定期に納入させなければならない」と規定し、更に、同規則第〇条第〇号には「貸付普通財産を他に転貸してはならない」と規定しているが、〇市長Ａは、これらの規定にも違反しているのである。本件怠る事実により〇市の受けた損害は、少なくとも9千万円は下らない。

　よって、本件請求人は、〇市監査委員が、上記記載の公金の賦課徴収を怠る事実又は財産の管理を怠る事実について責任を有する者に対して、当該損害の補塡を求めるほか「必要な措置」をとるよう〇市長に対して勧告することを求める。

第2　監査委員の監査に代えて個別外部監査契約に基づく監査によることを求める理由

　住民監査請求の分野においては、従来の監査委員の制度は全く機能しておらず、信用できないので、個別外部監査契約に基づく監査

> を求めざるを得ない。
> 以上

(1) 文書の表題は「住民監査請求書」とします。A4サイズの片面印刷とします。
(2) 文書の宛て先は、各自治体の監査委員とします。監査委員の氏名は不要です。
(3) 請求人の住所、氏名、職業、連絡先電話を表記して押印（認め印）しますが、氏名は自署（署名）する必要があります。職業は簡潔に記載します。
(4) 個別外部監査契約による監査の条例のない自治体では「併せて……」以下の記載はしません。
(5) 請求の趣旨の記載は、かつて1000字以内という制限がありましたが、現在は字数の制限はありません。しかし、概ね1000字以内という目標でまとめるのが便利です。住民監査請求書には必ず「事実証明書」を添付する必要がありますが、事実証明書に基づいた主張をする必要があります。事実証明書とは、証拠ほどの厳格さは求められていませんが、請求人の主張の根拠が記載されていることが必要です。事実証明書の例には、自治体に情報公開請求をして取得した会計書類、契約書その他の文書、新聞記事があります。
(6) 住民監査請求の段階では損害賠償等を求める具体的な公務員名を記載する必要はなく、例えば、「○○について責任を有する者」のように特定してもかまいません。更に、損害賠償額も具体的な金額まで記載する必要はありません。しかし、住民訴訟の段階では損害賠償等を求める公務員名や請求する具体的な金額も示す必要があります。
(7) 監査委員の監査に代えて個別外部監査契約に基づく監査によることを求める理由は記載例のように簡潔に記載します。
(8) 提出通数は1部で、提出方法は郵送でも持参でもかまいません。

（住民監査請求の詳細は、本書の著者の『ひとりでできる行政監視マニュアル』（緑風出版）73頁〜96頁参照）

6　監査結果の通知と住民訴訟

　住民監査請求に対する監査結果は、住民監査請求書を提出した日の翌日から60日以内に出されることとされており、その監査結果は、請求人にも郵送により通知されます。請求人は、その監査結果に不服がある場合は、その監査結果の通知があった日の翌日から30日以内にその自治体の事務所（都道府県庁や市町村役場）の所在地を管轄する地方裁判所に「住民訴訟」（Q39参照）を提起することができます。

Q39 住民訴訟の制度は、どのように利用するのですか

1　住民訴訟とは

　住民訴訟とは、住民監査請求をした者が監査結果に不服がある場合に住民監査請求の対象とした「違法な」公金支出のような財務会計行為や怠る事実について損害の補塡（ほてん）、行為の差し止めなどを求めて地方裁判所に提起する地方自治法第242条の2に規定する制度をいいます。住民監査請求は「違法または不当な」公金支出のような財務会計行為や怠る事実を対象としていますが、住民訴訟は「違法な」ものに限定されています。

　住民訴訟の対象となる「違法な」4種類の財務会計行為と「違法な」2種類の怠る事実（職務怠慢）は次の通りです。

> ①　違法な公金の支出　　　　　　　　　　（財務会計行為）
> ②　違法な財産の取得・管理・処分　　　　（財務会計行為）
> ③　違法な契約の締結・履行　　　　　　　（財務会計行為）
> ④　違法な債務その他の義務の負担　　　　（財務会計行為）
> ⑤　違法な公金の賦課徴収を怠る事実　　（不作為＝職務怠慢）
> ⑥　違法な財産の管理を怠る事実　　　　（不作為＝職務怠慢）

　旧地方自治法の住民訴訟では、原告住民が直接公務員個人を被告として損害の補塡を求めるなどの住民訴訟が認められていましたが、平成14年9月施行の改悪された地方自治法により、原告住民は、被告を執行機関（自治体の長）として「公務員Xに対して金員を請求せよ」という住民訴訟を提起し勝訴した場合に自治体の長が公務員Xに対して金員を請求するという構造に変更されました。

2 住民訴訟ができる事項

　住民訴訟によって地方裁判所に提起することができる事項は、地方自治法第242条の2第1項の「第1号から第4号まで」に次のように規定されています。次の第4号請求を公務員の個人責任の追及に利用します。

> (1) 執行機関または職員に対する財務会計行為の全部または一部の差し止めの請求（第1号請求）
> (2) 行政処分である財務会計行為の取消または無効確認の請求（第2号請求）
> (3) 執行機関または職員に対する怠る事実の違法確認の請求（第3号請求）
> (4) 職員または財務会計行為・怠る事実に係る相手方に損害賠償請求または不当利得返還請求をすることを自治体の執行機関または職員に対して求める請求（ただし、職員または財務会計行為・怠る事実に係る相手方が地方自治法第243条の2第3項の規定による賠償の命令の対象となる者である場合にあっては、その賠償の命令をすることを求める請求）（第4号請求）

　第4号請求は、結局は最終的に公務員個人の責任を追及することになりますが、第一段階では、まず執行機関を被告として住民訴訟を提起し、第二段階として原告住民が勝訴した場合には執行機関が公務員個人に賠償請求することになります。

(1) 第4号請求の前段の訴状での「請求の趣旨」は次例のようになります。

　「被告（自治体の長）は、X（公務員個人名）に対し、金○千万円及びこれに対する平成○年○月○日から支払済みまで年5分の割合による金員を請求せよ。」

(2) 第4号請求の後段の訴状での「請求の趣旨」は次例のようになります。

「被告（自治体の長）は、X（公務員個人名）に対し、金○千万円及びこれに対する平成○年○月○日から支払済みまで年5分の割合による金員の賠償の命令をせよ。」

3　住民訴訟の訴状の例

　本章Q 38に例示した住民監査請求（市長が漁協に対して市所有の宅地を無償で貸付けて賃貸料の徴収を怠っていた事例）の監査結果に不服のある場合の住民訴訟の訴状の例を示すと次のようになります（本件訴状の全文は、巻末資料3・訴状記載例3参照）。

訴　　状

平成○年○月○日

○○地方裁判所　御中

原告　　○○○○　（印）

〒000-0000　○県○市○町○丁目○番○号（送達場所）
原告　　○○○○
（電話 000-000-0000）

〒000-0000　○県○市○町○丁目○番○号　○市役所
被告　　○市長　　○○○○

損害賠償請求事件（住民訴訟）
　訴訟物の価額　　算定不能
　貼用印紙額　　　13,000円

第1　請求の趣旨
　1　被告○市長は、A（公務員個人名）に対し、金52,201,305円及びこれに対する本件訴状送達の日の翌日から支払済みに至るま

で年5分の割合による金員を支払うよう請求せよ。
 2　訴訟費用は被告の負担とする。

第2　請求の原因
 1　当事者等
　(1)　原告は、○県○市の住民であり、本件住民訴訟に係る住民監査請求を行った者である。
　(2)　被告は、○県○市の市長である。
　(3)　原告が被告に対し、本件住民訴訟において怠る事実による損害賠償請求を求める相手方は、本件住民訴訟の提起時点において○市長の職にあるAである。損害賠償を求める相手方A（以下「請求の相手方」という。）は、本件怠る事実のあった期間中、○市長の地位にあった者である。
 2　○市所有地（普通財産）に係る違法な市有財産の管理を怠る事実
　　　　（中略）（巻末資料3・訴状記載例3参照）
 3　住民監査請求
　　　原告は、平成○年○月○日に○市監査委員に対し、本件怠る事実について地方自治法第242条第1項の規定に基づく住民監査請求を行ったところ（甲第12号証）、同年○月○日付で○市監査委員は原告に対して、本件住民監査請求を棄却する旨の通知を行った（甲第13号証）。
 4　結論
　　　よって、請求の相手方は、○市に対して請求の趣旨記載の金員の損害賠償をする責任があるところ、原告は、被告に対し、地方自治法第242条の2第1項第4号の規定に基づき請求の相手方に請求の趣旨記載の金員の支払いを請求するよう求める。

　　　　　　　　　　　　証拠方法

1	甲第1号証	○市市有財産の交換、譲与、無償貸付等に関する条例写し
2	甲第2号証	○市公有財産事務取扱規則写し
3	甲第3号証	平成○年○月○日付のB新聞の記事写し
4	甲第4号証	平成○年○月○日付のC新聞の記事写し
5	甲第5号証	平成○年○月○日付のD新聞の記事写し
6	甲第6号証	Y商事株式会社所有の建物の建築計画概要書(台帳)写し
7	甲第7号証	Y商事株式会社所有の建物の全部事項証明書
8	甲第8号証	本件宅地に係る登記所の公図
9	甲第9号証	本件宅地に係る登記所の全部事項証明書
10	甲第10号証	本件宅地に係る路線価に関する「路線価図」写し
11	甲第11号証	平成○年度普通財産貸付料算定書(参考例)写し
12	甲第12号証	住民監査請求書控え
13	甲第13号証	住民監査請求に対する監査結果通知書

附属書類

1	訴状副本	1通
2	甲号証写し	各2通

以上

（注：本件訴状の全文は、巻末資料3・訴状記載例3参照）

(1) 住民訴訟の訴状の作り方も通常の民事訴訟（例えば、損害賠償請求訴訟）の場合と同様です。訴状の提出部数は被告が1名の場合は、裁判所用と被告用の各1部ですが、原告の控えも裁判所に持参して訴状受付係の受付印を貰っておきます。

(2) 住民訴訟の原告となれる者（原告適格）は、適法な住民監査請求を行った者に限られます。監査委員が不適法な住民監査請求だとして却下（門前払い）をした場合でも、不適法か否かは裁判所の判断

することですから、訴状を裁判所へ提出することはできます。
(3)　被告となる者（被告適格）は、地方自治法第242条の2の「第1号から第4号」に規定された執行機関（自治体の長など）や職員（執行機関の補助者）となります。
(4)　訴状を提出する裁判所（管轄裁判所）は、その自治体（都道府県や市町村）の事務所（都道府県庁や市町村役場）の所在地を管轄する地方裁判所とされています。
(5)　住民訴訟を提起することができる期間（出訴期間）は、住民監査請求人が監査結果の通知を受けた日から30日以内に訴状を裁判所へ提出する必要があります。準備期間が少ないので注意します。

Q40 通常の民事訴訟の制度は、どのように利用するのですか

1 通常の民事訴訟の制度

　公権力の行使に当たる公務員の職務執行中の不法行為には国家賠償法第1条第1項の規定に基づく国家賠償請求訴訟を提起することができますし、自治体の公務員の違法な公金支出などには住民訴訟を提起することができますが、一方、公権力の行使に当たらない行為や職務執行中の行為といえない行為については、公務員個人を被告として通常の民事訴訟を提起するしかありません。例えば、市民病院の医師の医療過誤があった場合です。国家賠償請求訴訟や住民訴訟の訴訟手続も、民事訴訟法に規定する訴訟手続で進められます。民事訴訟法に規定する訴訟手続は簡単ですが、ただ、1カ月ないし2カ月に1回程度は裁判所に出頭する必要がありますので、休暇のとれないサラリーマンなどは弁護士に訴訟代理人を依頼するしかありません。民事訴訟の手続の流れは次のようになります（民事訴訟手続の詳細は本書の著者による『絶対に訴えてやる！』（緑風出版）参照）。

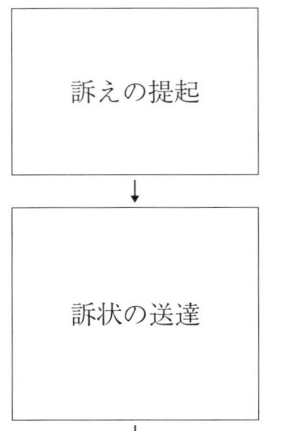

訴えの提起	① 裁判所に訴状の正本と副本を提出します。 ② 裁判の手数料の収入印紙を同時に提出します。 ③ 裁判所の指定する種類の郵便切手も同時に提出します。
↓	
訴状の送達	① 裁判所は訴状の副本を被告に送ります。 ② 訴状の副本には第1回口頭弁論期日の呼出状を添付します。 ③ 原告にも第1回口頭弁論期日の呼出状が送付されます。
↓	

| 答弁書の提出 | ① 被告は訴状の内容についての応答を書いた答弁書を裁判所へ提出するとともに原告へ直送します。
② 原告へ直送できない場合は裁判所書記官に送付を依頼します。 |

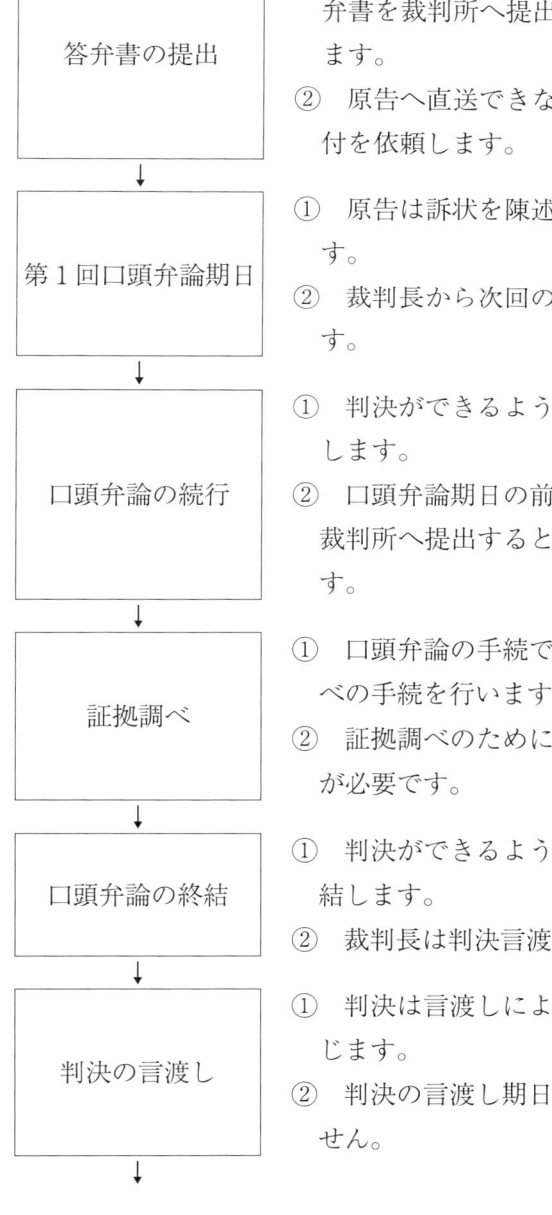

↓

| 第1回口頭弁論期日 | ① 原告は訴状を陳述し被告は答弁書を陳述します。
② 裁判長から次回の口頭弁論期日が指定されます。 |

↓

| 口頭弁論の続行 | ① 判決ができるようになるまで口頭弁論を続行します。
② 口頭弁論期日の前に原告も被告も準備書面を裁判所へ提出するとともに相手方へも直送します。 |

↓

| 証拠調べ | ① 口頭弁論の手続で争点が明確になると証拠調べの手続を行います。
② 証拠調べのためには当事者からの証拠の申出が必要です。 |

↓

| 口頭弁論の終結 | ① 判決ができるようになった時に口頭弁論を終結します。
② 裁判長は判決言渡し期日を指定します。 |

↓

| 判決の言渡し | ① 判決は言渡しにより成立し、判決の効力が生じます。
② 判決の言渡し期日には出頭する必要はありません。 |

↓

Q 40 ——通常の民事訴訟の制度は、どのように利用するのですか

上　訴	①　一審判決に不服のある当事者は控訴を提起することができます。 ②　二審判決に不服のある当事者は上告を提起したり上告受理申立をすることができますが、一定の理由がある場合に限られます。

2　損害賠償請求訴訟の提起

　損害賠償請求訴訟を提起する場合には、大別して、①相手方の契約不履行（債務不履行）の責任を追及する場合と、②相手方の不法行為の責任を追及する場合に分かれます。

(1)　契約不履行（債務不履行）とは、債務者（債権者に対して特定の行為をする義務を負う者）が正当な理由がないのに債務の本旨（債務の本来の目的）に従った給付（行為）をしなかったことをいいます（民法第415条）。例えば、売買契約の買主が代金を支払わないような場合です。つまり、債務不履行責任は、債権者・債務者の関係にある者（契約当事者）の間で発生しますが、不法行為責任は契約関係のない者の間で生じます。公務員との間には一般に契約関係がないので、通常は不法行為責任が問題となります。

(2)　不法行為とは、故意または過失によって他人の権利や法律上保護される利益を侵害する行為をいいます（民法第709条）。不法行為責任は、債務不履行責任が契約当事者間で生じるのとは異なり、契約関係にない者の間で生じます。例えば、公務員が住民の名誉を毀損する行為、公務員が許可申請に対し恣意的に不許可処分にして権利の発生を妨げる行為、公務員が住民名義の文書を偽造する行為などは不法行為となります。

　　不法行為を理由として公務員に損害賠償請求訴訟を提起する場合には、次の規定に注意する必要があります。

①　不法行為による損害賠償の範囲には、財産以外の精神的損害も含まれます。例えば、公務員による名誉毀損があった場合の精神

的苦痛も損害賠償の範囲に含まれます。民法第710条は「他人の身体、自由もしくは名誉を侵害した場合または他人の財産権を侵害した場合のいずれであるかを問わず、前条の規定により損害賠償の責任を負う者は、財産以外の損害に対しても、その賠償をしなければならない。」と規定しています。

② 複数の者が共同の不法行為によって他人に損害を加えた場合は、各自が連帯してその損害を賠償する責任を負います。例えば、公務員のAとBが、共同して住民のXとYの名誉を毀損したような場合です。民法第719条は「①数人が共同の不法行為によって他人に損害を加えたときは、各自が連帯してその損害を賠償する責任を負う。共同行為者のうち、いずれの者がその損害を加えたかを知ることができないときも、同様とする。②行為者を教唆した者および幇助した者は、共同行為者とみなして、前項の規定を適用する。」と規定しています。

③ 他人を使用する者（例えば、自治体）は、被用者（雇用されている者）が事業の執行について第三者に加えた損害を賠償する責任を負います。民法第715条は「①ある事業のために他人を使用する者は、被用者がその事業の執行について第三者に加えた損害を賠償する責任を負う。ただし、使用者が被用者の選任およびその事業の監督について相当の注意をしたとき、または相当の注意をしても損害が生ずべきであったときは、この限りでない。②使用者に代わって事業を監督する者も、前項の責任を負う。③前2項の規定は、使用者または監督者から被用者に対する求償権の行使を妨げない。」と規定しています。

④ 損害賠償の方法は原則として金銭をもってその額を定めます。損害賠償の額を定める場合に被害者に過失があった場合は裁判所は過失を考慮して金額を定めることができます。民法第722条には「①第417条の規定は、不法行為による損害賠償について準用する。②被害者に過失があったときは、裁判所は、これを考慮して、

損害賠償の額を定めることができる。」と規定しています。民法第417条は「損害賠償は、別段の意思表示がないときは、金銭をもってその額を定める。」と規定しています。
⑤　名誉毀損の場合には裁判所は名誉を回復するのに損害賠償以外の適当な処分を命ずることができます。例えば、新聞や雑誌への謝罪広告の掲載があります。民法第723条は「他人の名誉を毀損した者に対しては、裁判所は、被害者の請求により、損害賠償に代えて、または損害賠償とともに、名誉を回復するのに適当な処分を命ずることができる。」と規定しています。
⑥　不法行為による損害賠償請求権は時効によって3年で消滅します。民法第724条は「不法行為による損害賠償の請求権は、被害者またはその法定代理人が損害および加害者を知った時から3年間行使しないときは、時効によって消滅する。不法行為の時から20年を経過したときも、同様とする。」と規定しています。
⑦　自治体出資の財団法人のような法人の理事が職務遂行について第三者に加えた損害について法人も損害賠償責任を負います（民法第44条第1項）。理事個人も責任を負いますから、法人の債務と理事個人の債務とは、不真正連帯債務の関係（複数の債務者の1人が債務を履行すると他の債務者の債務も消滅する関係）となります。民法第715条の使用者責任も使用者の債務と被用者の債務とは、不真正連帯債務の関係となりますから同様の趣旨の規定といえます。民法第44条第1項は「法人は、理事その他の代理人がその職務を行うについて他人に加えた損害を賠償する責任を負う。」と規定しています。

3　通常の民事訴訟の訴状

通常の民事訴訟を提起する場合は、次のような訴状を裁判所へ提出します。例えば、公務員のAとBが共同して、住民Xとその配偶者Yの名誉を毀損した場合の訴状例を示すと次のようになります（第3章Q30の訴状

例を参照)。

訴　　状

平成〇年〇月〇日

〇〇地方裁判所　御中

原告　　　Ｘ　（印）
原告　　　Ｙ　（印）

　　〒000-0000　〇県〇市〇町〇丁目〇番〇号（送達場所）
　　　　原告　　　　　　Ｘ
　　　　　　（電話 000-000-0000）
　　　　同所
　　　　原告　　　　　　Ｙ
　　　　　　（電話 000-000-0000）

　　〒000-0000　〇県〇市〇町〇丁目〇番〇号
　　　　被告　　　　　　Ａ

　　〒000-0000　〇県〇市〇町〇丁目〇番〇号
　　　　被告　　　　　　Ｂ

損害賠償請求事件
　　訴訟物の価額　　400万円
　　貼用印紙額　　　25,000円

第1　請求の趣旨
　1　被告Ａ及び被告Ｂは、連帯して、原告らに対し、それぞれ金200万円及びこれに対する本件訴状送達の日の翌日から支払済みまで年5分の割合による金員を支払え。

```
      2　訴訟費用は被告らの負担とする。
      3　仮執行宣言

   第2　請求の原因
   （中略）（第3章Q30の訴状例を参照）

                       証拠方法
   （中略）

                       附属書類
   （中略）
   以上
```

(1)　公権力の行使に当たらない行為や職務執行中の行為といえない行為については、公務員個人を被告として通常の民事訴訟を提起することになります。
(2)　訴状を提出する裁判所（管轄裁判所）は、訴訟物の価額が140万円以下の場合は簡易裁判所、140万円を超える場合は地方裁判所となります。いずれの場合も原告の住所地を管轄する裁判所となります。
(3)　上例の場合は原告も被告も複数になっていますが、一つの訴訟手続で複数の原告または被告の関与する形態を共同訴訟といいます。
(4)　通常の民事訴訟手続の詳細は、本書の著者による『絶対に訴えてやる！』（緑風出版）参照。

第5章
その他の公務員の責任追及の手法には、どんなものがありますか

Q41 「請願書」や「陳情書」は、どのように利用するのですか

1 請願書と陳情書の違い

「請願書」とは、国民の請願権に基づき自治体や国の機関に公務員の罷免、条例や法令の制定・廃止、苦情や希望の申出その他の事項を記載して提出する書面をいいます。請願権とは、国民に認められた憲法上の権利の一つで、憲法第16条は「何人も、損害の救済、公務員の罷免、法律、命令または規則の制定、廃止または改正その他の事項に関し、平穏に請願する権利を有し、何人も、かかる請願をしたために、いかなる差別待遇も受けない」と規定しています。この憲法の規定を受けて「請願法」が制定されています。

「陳情書」は、自治体や国の機関に対して、請願書に記載するような事項やその他の実情を述べて適切な措置を要望する事項を記載して提出する書面をいいます。陳情は、請願の場合とは異なり、憲法や法律に規定された権利ではなく、法律上保護された権利として行使するものではありません。

地方議会(都道府県議会や市町村議会)に対して請願書を提出する場合は、その議会の議員の紹介を必要としますが(地方自治法第124条)、地方議会に陳情書を提出する場合には、その議会の議員の紹介を必要としません。議員の紹介は、実務上は、請願書にその議員の署名と押印を徴します。

知事、市町村長、教育委員会、監査委員、選挙管理委員会、公安委員会その他の行政機関に請願書を提出する場合には、議員の紹介その他の制約はありませんから、陳情書とする必要はなく請願書として提出します。

○ 地方議会への請願書には、その議会の議員の紹介が必要
○ 地方議会への陳情書には、その議会の議員の紹介は不要

○ 知事、市町村長その他の執行機関への請願書には、何らの制約はない。

2　地方議会での陳情書の取り扱い

　地方議会へ陳情書を提出した場合でも、標準的な会議規則では「議長は、陳情書またはこれに類するもので、その内容が請願に適合するものは、請願書の例により処理するものとする」と規定していますので、陳情書も請願書と同様に取り扱われ、差別されることはありません。ただ、一部の地方議会では、この会議規則の規定を無視して陳情書を委員会に付託しない地方議会（例えば、昨年までの香川県高松市議会）も存在します。

　地方自治法第109条第3項では、地方議会の「常任委員会は、その部門に属する当該普通地方公共団体の事務に関する調査を行い、議案、陳情等を審査する」と規定して、常任委員会は、「陳情等」を審査する旨の明文の規定を置いています。この場合の「陳情等」とは、陳情や陳情類似の要望ないし意見書のようなものを指し、請願は、「議案」に含まれます。従って、地方議会が陳情書を委員会にも付託せず、委員会の審査もしない処理は許されないのです。陳情書について委員会にも付託せず、議会の機関でも何らの審査も行わない場合は、陳情者の審査を受ける権利を侵害しており、地方自治法第109条第3項の規定や地方議会の会議規則にも違反しますので、その議会の議長の不法行為を原因として、その自治体を被告として国家賠償請求訴訟を提起することができます。

3　請願書・陳情書の書き方と提出方法

　請願書や陳情書の書き方は決まっていませんが、実務上は、次例のようにA4サイズの用紙に横書きの片面印刷にします。提出方法は、郵送か持参としますが、郵送の場合は封筒に提出先の宛て先を記載して配達記録郵便で郵送します。

　次例は地方議会に提出する場合の請願書です。陳情書の場合は紹介議員欄は不要で、その他の書き方は請願書と同様です。

請　願　書

平成○年○月○日

○市議会議長　殿

〒 000-0000　○県○市○町○丁目○番○号
請願者　　　　　　　　○○○○（印）
　　　　　　　　　　　（電話 000-000-0000）
紹介議員　　　（署名）　　　　（印）

○市議会における陳情書の処理について（請願）

標記について、○市議会における陳情書の処理を法令及び○市議会会議規則の規定に基づき処理するよう下記の通り請願をする。

記

1　○市議会会議規則第○○条には、「議長は、陳情書又はこれに類するもので、その内容が請願に適合するものは、請願書の例により処理するものとする」と規定されているにもかかわらず、○市議会における陳情書の処理は、「請願書の例により処理する」ことを怠り、委員会でも審査をしていないが、地方自治法第 109 条第 3 項の規定及び○市議会会議規則第○○条の規定に違反するので、これらの法条の規定に従い処理をするよう請願をする。

2　○県議会会議規則第○○○条でも、陳情書の処理について○市議会会議規則第○○条の規定と全く同文で規定されているが、○県議会においては、当然に陳情書についても「請願書の例により処理」をしているのである。○市議会においても、○県議会の場合と同様に地方自治法第 109 条第 3 項の規定及び○市議会会議規則第○○条の規定に従って、陳情書について「請願書の例により処理」をする必要があるのである。

3　地方自治法第 109 条第 3 項の規定では、「常任委員会は、その部

> 門に属する当該普通地方公共団体の事務に関する調査を行い、議案、陳情等を審査する」と規定して、常任委員会は、「陳情等」を審査する旨の明文の規定を置いているのである。この場合の「陳情等」とは、陳情及び陳情類似の要望ないし意見書のようなものを指し、請願は、「議案」に含まれるのである。
>
> 以上

(1)　表題は、請願書としますが、地方議会に提出する場合で紹介議員のいない場合に限り陳情書とします。
(2)　提出日または作成日を記載します。
(3)　宛て先は、○県知事○○○○とか、○市議会議長○○○○のように氏名の分かる場合は氏名も記載しますが、分からない場合は上例のように役職名のみを記載します。
(4)　請願者または陳情者の住所、氏名、電話番号を記載して氏名の後に押印します。
(5)　議長あてに請願書を提出する場合は、その議会の議員の署名と押印が必要です。議長あてに陳情書を提出する場合は紹介議員は不要です。知事・市町村長その他の執行機関あてに請願書を提出する場合は紹介議員その他の制約はありません。
(6)　件名としてその請願または陳情の件名を簡潔に表示します。
(7)　請願または陳情の内容は、箇条書きにして簡潔に記載します。
(8)　上例の場合に議長（特別職の公務員）が法令や会議規則に従って陳情書を処理しない場合は、国家賠償請求訴訟に移るしかありません。

4　請願書により公務員の懲戒処分を求める

　公務員の個人責任を追及する場合は、請願書によって執行機関（例えば、知事、市町村長、教育委員会）に対して、具体的な公務員名を挙げて非行その他の違法または不当な行為について次の事実の中の分かる範囲を具体

的に指摘して懲戒処分その他の適切な措置を求める必要があります。

> ① 誰が（公務員名）
> ② いつ（行為のあった日時）
> ③ どこで（行為のあった場所）
> ④ 何を、誰に対して（行為の対象や相手方）
> ⑤ どんな方法で（行為の方法や態様）
> ⑥ なぜ（行為の動機や原因）
> ⑦ どんな行為を（行為の結果）
> ⑧ 誰と（共同行為者）

　公務員の懲戒処分とは、公務員の勤務関係の規律や秩序を維持するために任命権者（例えば、知事、市町村長、教育委員会）が公務員の義務違反に対してその責任を追及して行う不利益処分をいいます。懲戒処分の種類としては、軽いものから、①戒告、②減給、③停職、④免職の４種類があります。

　懲戒の事由としては、①法令違反、②職務上の義務に違反しまたは職務を怠った場合、③全体の奉仕者たるにふさわしくない非行のあった場合の３つが規定されていますが、結局は、法令違反が懲戒の事由となります。（詳細は、本書の著者による『ひとりでできる行政監視マニュアル』（緑風出版）200頁以下参照）。

　公務員が懲戒の事由に該当する場合に、国民がその懲戒処分を求める具体的個別的な法律制度はありませんが、請願法の規定にもとづいて具体的な法令違反の事実を指摘して任命権者に対して懲戒処分を求めることになります。

Q42 知事や市町村長のリコール（解職請求）の手続は、どうするのですか

1 リコールとは

　リコール（recall）とは、公職にある者が民意に沿わない自治体運営を行った場合にこれを是正するため、その者をその任期の満了前に選挙人が罷免(ひめん)することを可能にするために設けられた直接参政の住民参政制度（国民解職・国民罷免制度）をいいます。

　日本では、自治体の長の解職請求（地方自治法第81条）、自治体の議員の解職請求（地方自治法第80条）、自治体の議会の解散請求（地方自治法第76条）、自治体の主要公務員（副知事、助役、出納長、収入役、選挙管理委員、監査委員、公安委員会委員）の解職請求（地方自治法第86条）、自治体の教育委員会委員の解職請求（地方教育行政の組織及び運営に関する法律第8条）などがあります。

　以下では、自治体の長のリコール（解職請求）の手続について説明します。

2 知事や市町村長のリコール（解職請求）の手続

　知事や市町村長のリコール（解職請求）の手続は、選挙権を有する者が、その総数の3分の1（その総数が40万を超える場合にあっては、その超える数に6分の1を乗じて得た数と40万に3分の1を乗じて得た数とを合算して得た数）以上の連署をもって、その代表者から、普通地方公共団体の選挙管理委員会に対し、その普通地方公共団体の長の解職を請求することができます（地方自治法第81条第1項）。

　知事や市町村長の解職の請求があった場合は、選挙人の投票（住民投票・解職投票）に付さなければならず、その投票において過半数の同意があった場合に、その職を失うこととされています（地方自治法第83条）。

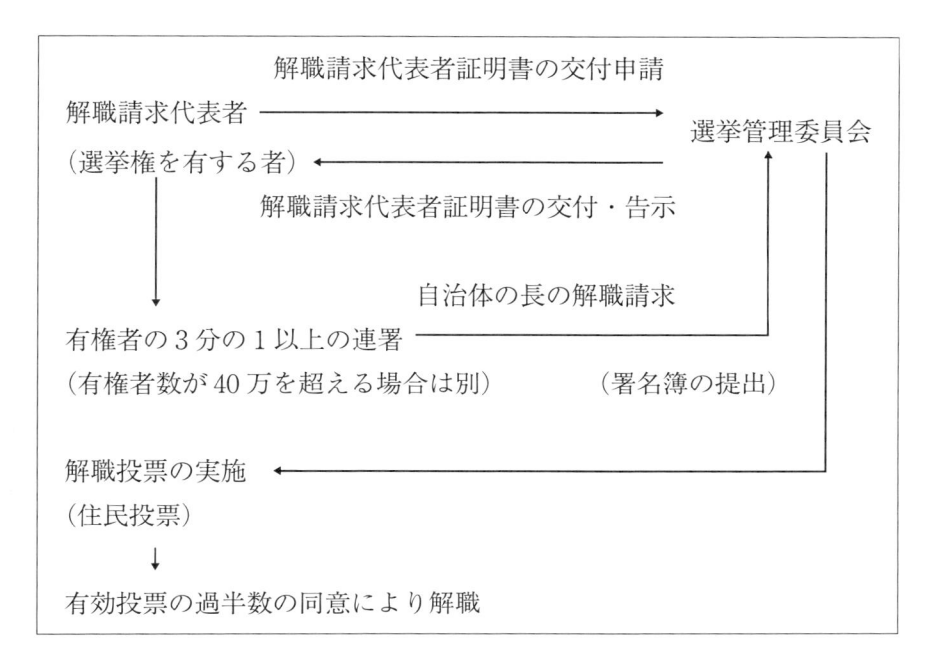

```
                       解職請求代表者証明書の交付申請
解職請求代表者 ─────────────────────────→ 選挙管理委員会
  (選挙権を有する者) ←─────────────────
                    解職請求代表者証明書の交付・告示
  │
  │                      自治体の長の解職請求
  ↓
有権者の3分の1以上の連署 ──────────────────↑
  (有権者数が40万を超える場合は別)     (署名簿の提出)

解職投票の実施 ←──────────────────────
  (住民投票)
  ↓
有効投票の過半数の同意により解職
```

(1) 自治体の議員の解職請求の手続も、上の自治体の長の解職請求の場合と同様になります（地方自治法第80条）。

(2) 自治体の議会の解散請求の手続も、上の自治体の長の解職請求の場合と同様になります（地方自治法第76条）。

(3) 副知事、助役、出納長、収入役、選挙管理委員、監査委員、公安委員会委員の解職請求の手続は、上の自治体の長の解職請求の場合とは異なり、解職投票（住民投票）に代えてその自治体の議会で議員の3分の2以上の者が出席し、その4分の3以上の者の同意があった場合に失職します（地方自治法第86条・第87条）。

Q43 情報公開条例は、どのように利用するのですか

1 情報公開条例とは

　情報公開条例とは、自治体（都道府県や市町村）の住民に行政機関の保有する情報を開示させる権利を保障した条例をいいます。条例とは、都道府県や市町村の議会が制定する法規をいいます。公開条例の名称は、自治体によって異なりますが、一般に「○県情報公開条例」とか「○市公文書公開条例」という名称を付けています。

　情報公開条例による公開請求の一般的な仕組みは、次のようになっています。

(1) 公開請求権者（その自治体の住民に限る条例と制限をしていない条例があります）が自治体の実施機関（自治体の長、教育委員会、監査委員その他の執行機関や議会）に対して公開請求書を提出します。

(2) 実施機関は、原則として15日以内に公開・一部非公開・全部非公開のいずれかの決定（行政処分）をして公開請求者へ通知をします。

(3) 公開または一部非公開の通知を受けた公開請求者は、実施機関と協議して決めた日時に情報の開示を受けます。開示の方法は、文書の場合は閲覧と写しの交付となります。

(4) 一部非公開または全部非公開の決定を受けた者は、その決定を不服として行政不服審査法にもとづく不服申立（異議申立または審査請求）をすることができます。

(5) 一部非公開または全部非公開の決定を受けた者は、不服申立をせずに非公開決定の処分の取消訴訟を提起することができますし、不服申立の結論を得た後に非公開処分の取消訴訟を提起することができます。

各自治体の公開条例の「情報」の範囲は異なりますが、一般に「実施機関の職員が職務上作成し、または取得した文書、図画、写真、マイクロフィルム、電磁的記録（電子式方式、磁気的方式その他人の知覚によっては認識することができない方式で作られた記録）であって、実施機関の職員が組織的に用いるものとして、実施機関が保有しているもの」と規定されています。

　（情報公開条例の詳細は、本書の著者による『ひとりでできる行政監視マニュアル』（緑風出版）13頁以下参照）

2　情報公開条例の利用の仕方

　公務員の違法または不当な行為を調査するためには、情報公開条例の利用は必須のことといえます。公開条例にもとづく公開請求は、一般的には行政側の保有している文書の表題や内容が住民に分からないことから、複雑な事例では、10回程度の公開請求が必要になります。継続的に監視する事案では、100回を超えて公開請求を継続する場合もあります。情報公開条例の利用の仕方の要点は、次の通りです。

(1)　実施機関に公開請求をするには、自治体の作成している「公開請求書」に必要事項を記入して提出しますが、宛て先の実施機関名の分からない場合は、各自治体の情報公開担当係に電話で確認します。主な実施機関には、知事、市町村長、教育委員会、選挙管理委員会、監査委員、議会、公安委員会、警察本部長、人事委員会、公平委員会、農業委員会、地方労働委員会、収用委員会、海区漁業調整委員会、内水面漁場管理委員会、固定資産評価審査委員会、水道事業管理者（公営企業管理者）があります。

(2)　公開請求をする自治体の情報公開担当係から「情報公開条例」と「情報公開条例施行規則」の各写しの交付を受けておきます。「公開請求書」用紙も10枚程度は貰っておきます。公開手数料の写しの交付手数料（コピー代）も確認しておきます。閲覧手数料は無料ですが、香川県のように有料としている自治体もあります。

(3) 「公開請求書」の提出方法は、持参または郵送によりますが、自治体によっては、ＦＡＸによる提出も認めています。
(4) 公開請求をする情報（一般に文書が多い）が特定できるように公開請求書に記載する必要がありますが、文書の表題は不明の場合が多いので、次例のように記載します。
　例１：○課課長の平成○年○月以降の県外出張の出張命令簿、旅費計算書類その他の一切の会計書類及び当該各復命書の全部
　例２：市長（知事、町村長、議長）の平成○年○月以降の交際費の支出に関する支出金調書、現金出納簿、領収書その他の一切の会計書類の全部
　例３：平成○年○月以降にＡ土地改良区に対して支出した一切の補助金に関する支出金調書、各起案文書（図面その他の一切の附属書類を含む）、土地改良区からの申請書類（一切の添付書類を含む）の各全部
　例４：平成○年○月以降の土木監理課の食糧費の支出金調書、請求書、内訳書、執行伺書、参加者名簿その他一切の会計書類
(5) 公開請求をする文書を文書の表題で特定することは困難ですから、「○○に関する一切の文書」「○○の支出に関する一切の会計書類」と包括的に公開請求をすることが肝要です。一部の文書の表題の分かる場合は「Ａ文書、Ｂ文書、Ｃ文書その他○○に関する一切の文書」のように表示します。
(6) 開示される文書は、非開示の部分がない場合は原本が開示されますから、公開請求に際して文書の原本と写しの区別は表示する必要はありません。非開示の部分がある場合は原本に黒塗りをすることはできませんから、写しに非開示部分を黒塗りをした文書が開示されます。

Q44 個人情報保護条例は、どのように利用するのですか

1　個人情報保護条例とは

　個人情報保護条例とは、自治体（都道府県や市町村）の住民に行政機関の保有する住民個人の個人情報を開示、訂正または利用停止をさせる権利を保障した条例をいいます。条例とは、都道府県や市町村の議会が制定する法規をいいます。個人情報保護条例の名称は、自治体によって異なりますが、一般に「〇県個人情報保護条例」とか「〇市個人情報保護条例」という名称を付けています。個人情報の定義は、一般に「個人に関する情報であって、当該情報に含まれる氏名、生年月日その他の記述等により特定の個人を識別することができるもの（他の情報と照合することができ、それにより特定の個人を識別することができることとなるものを含む）をいう」と定義されています。この場合の個人とは、自然人（人間のこと）に限られますから、会社のような法人は含まれません。特定個人に関する情報が改ざんされたり、虚偽の事実が記載されている場合がありますから、公務員の違法または不当な行為の責任を追及する場合は、自分の個人情報の開示請求は必須のことといえます。

　個人情報保護条例による開示請求の一般的な仕組みは、次のようになっています。

(1)　開示請求権者（その自治体の住民に限定されません）が自治体の実施機関（自治体の長、教育委員会、監査委員その他の執行機関や議会）に対して個人情報開示請求書を提出します。死者の情報は遺族から開示請求ができます。幼児その他の未成年者の情報は親権者から開示請求ができます（開示請求のほかに、訂正請求、利用停止の請求をすることもできます）。

(2)　実施機関は、原則として15日以内に開示・一部非開示・全部非

開示のいずれかの決定（行政処分）をして開示請求者へ通知をします。原則として全部開示がなされます。
(3) 開示または一部非開示の通知を受けた開示請求者は、実施機関と協議して決めた日時に情報の開示を受けます。開示の方法は、文書の場合は閲覧と写しの交付となります。
(4) 一部非開示または全部非開示の決定を受けた者は、その決定を不服として行政不服審査法にもとづく不服申立（異議申立または審査請求）をすることができます。
(5) 一部非開示または全部非開示の決定を受けた者は、不服申立をせずに非開示決定の処分の取消訴訟を提起することができますし、不服申立の結論を得た後に非開示処分の取消訴訟を提起することができます。

2 個人情報保護条例の利用の仕方

公務員の違法または不当な行為を調査するためには、情報公開条例の利用とともに個人情報保護条例の利用も必須のことといえます。個人情報保護条例にもとづく開示請求も、情報公開条例による公開請求と同様に行政機関の保有する個人情報の記載された文書その他の記録媒体を特定する必要があります。

個人情報保護条例の利用の仕方の要点は、次の通りです。
(1) 実施機関に開示請求をするには、自治体の作成している「個人情報開示請求書」に必要事項を記入して提出しますが、宛て先の実施機関名の分からない場合は、情報公開請求の場合と同様にして各自治体の個人情報保護条例担当係（一般に情報公開条例担当係と同じ）に電話で確認します。主な実施機関は、Q43の情報公開条例の場合と同様になります。
(2) 「個人情報開示請求書」の提出方法は、必ず開示請求者本人が持参することが必要です。情報公開請求書の場合は、持参・郵送・ＦＡＸ送信の方法によることができますが、個人情報の開示請求では、

開示請求者が本人であることを確認する必要がありますから、身分証明書となるもの（運転免許証、パスポート、住民基本台帳カードなど顔写真のあるもの）を持参して本人確認がなされます。
(3) 開示請求をする自治体の個人情報保護条例担当係から「個人情報保護条例」と「個人情報保護条例施行規則」の各写しの交付を受けておきます。「開示請求書」用紙も貰っておきます。公開手数料の写しの交付手数料（コピー代）も確認しておきます。
(4) 開示日時は実施機関の担当者と協議して決めますが、必ず開示請求者本人が身分証明書となるものを持参して出頭する必要があります。代理人による開示は認められませんから、本人が病気その他の理由で出頭できない場合は、各自治体で定めた方法によって開示される文書を郵送して貰うことになります。
(5) 「個人情報開示請求書」には個人情報を特定する必要がありますが、次例のように記載します。
例1：本件請求者から平成〇年〇月以降に〇県知事に提出した請願書の全部及び当該各請願書について誠実に処理をしたことの分かる一切の文書
例2：本件請求者から平成〇年〇月以降に〇市長に提出した情報公開条例に基づく非公開処分に対する異議申立書の全部及び当該各異議申立書について情報公開審査会で審査をしたことの分かる一切の文書
例3：本件請求者から平成〇年〇月以降に〇県議会議長に提出した陳情書の全部及び当該各陳情書について処理をした一切の記録（知事部局から提出された文書を含む）

Q45 行政不服審査法の不服申立制度は、どのように利用するのですか

1　行政不服審査法とは

　行政不服審査法は行政上の不服申立に関する一般法で、この法律の趣旨は、「行政庁の違法または不当な処分その他公権力の行使に当たる行為に関し、国民に対して広く行政庁に対する不服申立のみちを開くことによって、簡易迅速な手続による国民の権利利益の救済を図るとともに、行政の適正な運営を確保することを目的とする」と規定されています（行政不服審査法第1条第1項）。

　行政不服審査法による不服申立の対象となる行為は、「行政庁の違法または不当な処分その他公権力の行使に当たる行為」とされていますが、この場合の「行政庁」とは、例えば、知事、市町村長、教育委員会、大臣のように自治体や国のような行政主体の意思を決定し、これを表示する権限を有する機関をいいます。

　「違法または不当な処分」の違法とは法令違反のことをいい、不当とは法令違反ではないが、制度の目的からみて適当でないことをいいます。「公権力」とは、自治体や国のような行政主体が国民に対して命令し強制することのできる権限をいいます。自治体や国から公権力の行使の権限を与えられている行政機関を行政庁というのです。

　「公権力の行使」とは、例えば、行政庁（知事、市町村長など）に対する許可申請や認可申請に対する拒否処分、行政文書の開示請求に対する非開示処分のような処分をいいます。これらの拒否処分に対して行政不服審査法による不服申立ができるのです。

2　行政不服審査法の利用の仕方

　行政不服審査法による不服申立の対象となる行為は、「行政庁の違法ま

たは不当な処分その他公権力の行使に当たる行為」ですから、その処分に対する不服申立は、処分をした行政庁またはその上級の行政庁に対して行うことになりますが、実際には、違法または不当な行政処分は、その事務を担当する公務員によってなされます。行政不服審査法による不服申立によって、担当公務員の個人責任を直接追及することはできませんが、不服申立の審査の過程で担当公務員の個人責任を指摘することは可能です。

行政不服審査法による不服申立は、大別すると①異議申立と②審査請求に分かれます。

(1) 異議申立とは、上級の行政庁がない場合に拒否処分をした行政機関（処分庁）に対してする不服申立をいいます。例えば、大臣とか条例に基づく知事のなした行政処分については上級の行政庁がないので、大臣や知事に対して異議申立をすることになります。

(2) 審査請求とは、上級の行政庁がある場合に拒否処分をした行政機関（処分庁）の直近の上級行政機関（審査庁）に対して申し立てる不服申立をいいます。例えば、国や都道府県の出先機関の長に行政処分を行う権限がある場合に、その出先機関の長の拒否処分について大臣や知事に対して審査請求をすることになります。

> ① 異議申立：上級行政機関のない場合に処分をした行政機関にする場合
> ② 審査請求：上級行政機関のある場合に上級の行政機関にする場合

①異議申立も②審査請求も、何らの費用がかからない点はメリットですが、審査の結果を出すまでの期間についての制限のないのが欠点です。

行政不服審査法を利用する場合の最大の武器は、行政不服審査法第25条第1項但し書の規定によって不服申立人（異議申立人または審査請求人）が審査の過程で口頭の意見陳述ができる点にあります。この意見陳述の中で公務員の個人責任を追及することは可能です。行政不服審査法第25条

第1項但し書の規定によって口頭の意見陳述をする場合には異議申立書または審査請求書の中に「行政不服審査法第25条第1項但し書の規定により口頭の意見陳述を申し立てる」と明記しておく必要があります。

　不服申立書（異議申立書、審査請求書）の書き方は決まっていませんが、実務上は、A4サイズ、片面印刷の次のような書式で作成されます。次例は、X県港湾管理条例にもとづいてX県の出先機関の長（処分庁）に対してA株式会社が港湾施設の使用許可申請をしたのに違法に不許可処分をした場合のX県知事への審査請求の例です。

審査請求書

平成〇年〇月〇日

X県知事　〇〇〇〇　殿

　　　　　　審査請求人　A株式会社
　　　　　　　　代表者代表取締役　〇〇〇〇（印）

行政不服審査法の規定に基づき下記の通り審査請求をする。

記

1　審査請求人の住所及び名称
　〇県〇市〇町〇丁目〇番〇号　　A株式会社
2　審査請求人の代表者の住所、氏名及び年齢
　〇県〇市〇町〇丁目〇番〇号　　〇〇〇〇　　29歳
3　審査請求に係る処分
　X県〇港管理事務所長名義の平成〇年〇月〇日付17〇〇第〇〇〇〇号文書による〇港の港湾施設の使用不許可処分
4　審査請求に係る処分があったことを知った年月日
　平成〇年〇月〇日
5　審査請求の趣旨

「3記載の不許可処分を取り消す。」との裁決を求める。
6　審査請求の理由
 (1)　本件不許可処分は、X県港湾管理条例第○条第○項、港湾法第13条第2項、地方自治法第244条第2項、海港ノ国際制度ニ関スル条例及規程（大正15年10月28日条約第5号）、地方自治法第244条第3項の各規定に違反する違法な不許可処分であり、本件不許可処分を取り消す必要がある。
 (2)　本件不許可処分の通知書には、「申請日時については係留施設に空きがない」と記載しているが、虚偽である。
（中　略）
 (9)　本件不許可処分の通知書には、適法に処分理由が明示されていないので、X県行政手続条例第○条に違反し本件不許可処分は無効である。
7　処分庁の教示の有無及び内容
　「この処分に不服がある場合は、この処分があったことを知った日の翌日から起算して60日以内にX県知事に対して審査請求をすることができます。また、この処分の取消の訴えは、この処分があったことを知った日（審査請求をした場合は、これに対する裁決があったことを知った日）の翌日から起算して6カ月以内にX県を被告として提起することができます。」との教示があった。
8　行政不服審査法第25条第1項但し書の規定による口頭の意見陳述の申立
　行政不服審査法第25条第1項但し書の規定による口頭の意見陳述を申し立てる。
9　添付書類
　1　会社登記簿謄本　　　　　1通
以上

① 不服申立人が自然人（人間のこと）の場合は、上記2以降の内

容を記載します。不服申立人が会社のような法人の場合は上の記載例の通りとします。

② 「処分庁の教示の有無及び内容」欄は、不許可処分の通知書に記載されている通りに記載します。通知書に記載のない場合は「処分庁の教示はなかった」と記載し、不服申立書を提出することができます。不服申立をせずに違法な行政処分の取消訴訟を提起することができます。

③　上例のような特定日時の施設の使用許可申請の場合は、その使用日時を経過した場合は、不服申立の利益がなくなったとして申立が却下されます。例えば、使用日時を3カ月先にしていたとしても、公務員は、その3カ月の経過をまって「審査請求の利益を失っている」として却下の裁決をするので、特定日時の使用許可の場合には、この不服申立制度は、あまり役立ちません。しかし、行政文書の非公開処分の取消、墓地の改葬許可申請の不許可処分の取消のように時間の経過が特に問題とならない申請には利用することができます。

④　公務員が適法な使用許可申請に対して、故意に恣意的に違法な不許可処分をして権利の発生を妨げる行為をした場合は、公務員職権濫用罪になりますから、告訴または告発をすることができます。更に、当該公務員の懲戒処分を求めることもできますし、その自治体に対して国家賠償請求訴訟を提起することもできます。

Q46 行政手続法や行政手続条例は、どのように利用するのですか

1 行政手続法・行政手続条例とは

　行政手続法の目的は、①処分、②行政指導、③届出に関する手続に関して共通する事項を定めることによって行政運営における公正の確保と透明性（行政上の意思決定について、その内容と過程が国民にとって明らかであること）の向上を図り、もって国民の権利利益の保護に資することを目的としています（行政手続法第1条）。

(1)　処分とは、行政庁（自治体や国のような行政主体のために意思決定を行う権限を有する知事・市町村長・大臣などの行政機関）の処分その他公権力の行使に当たる行為をいいます。公権力の行使とは、自治体や国の公務員による統治権にもとづく権力の行使をいいます（行政手続法第2条第2号）。

(2)　行政指導とは、行政機関がその任務または所掌事務の範囲内において一定の行政目的を実現するため特定の者に一定の作為または不作為を求める指導、勧告、助言その他の行為であって処分に該当しないものをいいます（行政手続法第2条第6号）。

(3)　届出とは、行政庁に対し一定の事項の通知をする行為（申請に該当するものは除きます）であって、法令により直接に通知が義務づけられているものをいいます（行政手続法第2条第7号）。

　行政手続法第38条では、各自治体においても、行政手続法の規定の趣旨にのっとり、行政運営における公正の確保と透明性の向上を図るため必要な措置を講ずるよう努めなければならないとされていることから、各自治体では、行政手続法の規定と同様の規定の行政手続条例を制定しています。従って、例えば、法律にもとづく処分については行政手続法の規定が適用されますが、自治体の条例にもとづく処分については行政手続条例の

規定が適用されます。

2 行政手続法・行政手続条例の利用

(1) 行政手続法や行政手続条例の規定に公務員が違反した場合の罰則規定はありませんが、行政手続法や行政手続条例の規定に公務員が違反した場合には、公務員の法令遵守義務違反となりますから、公務員の懲戒の事由になります。従って、公務員の個人責任を追及するために懲戒を求めて行く必要があります。

(2) 行政手続法や行政手続条例では、①処分、②行政指導、③届出に関する手続に関して共通する事項を規定していますが、特に①申請に対する処分の行政手続が重要です。行政手続法や行政手続条例の制定の前の行政の実務では、申請書が提出されても、「受付けない」「受理しない」「申請書を預かる」などの処理が公然となされ、申請に対する処分の審査基準も示されず、審査期間も不明の場合が多かったのです。このような不公正かつ不透明な行政手続をさせないために行政手続法や行政手続条例が制定されたのです。

(3) 「申請に対する処分」について行政手続法や行政手続条例は次のように規定しています。この場合の「申請」とは、法令にもとづき行政庁の許可、認可、免許その他の自己に対し何らかの利益を付与する処分（以下「許認可等」といいます）を求める行為であって、その行為に対して行政庁が諾否の応答をすべきこととされているものをいいます（行政手続法第2条第3号）。

　① 行政庁は、申請により求められた許認可等をするかどうかをその法令の定めに従って判断するために必要とされる基準（審査基準）を定めるものとされています。

　② 行政庁は、審査基準を定めるに当たっては、その許認可等の性質に照らして、できる限り具体的なものとする必要があります。

　③ 行政庁は、行政上特別の支障がある場合を除き、法令により申請の提出先とされている機関の事務所における備付けその他の適

当な方法により「審査基準」を公にしておく必要があります。
④　行政庁は、申請がその事務所に到達してから、その申請に対する処分をするまでに通常要すべき標準的な期間（標準処理期間）を定めるように努めるとともに、これを定めたときは、申請の提出先とされている機関の事務所における備付けその他の方法により公にしておく必要があります。
⑤　行政庁は、申請がその事務所に到達したときは、遅滞なく申請の審査を開始する必要があり、かつ、申請書の記載事項に不備がないこと、申請書に必要な書類が添付されていること、申請をすることができる期間内になされたものであることその他の法令に定められた申請の形式上の要件に適合しない申請については、速やかに、申請をした者に対し相当の期間を定めて申請の補正を求め、または申請により求められた許認可等を拒否する必要があります。
⑥　行政庁は、申請により求められた許認可等を拒否する処分をする場合は、申請をした者（申請者）に対し、同時に、その処分の理由を示す必要があります。処分を書面でする場合には、理由も書面により示す必要があります。
⑦　行政庁は、申請をしようとする者または申請をした者（申請者）の求めに応じ、申請書の記載および添付書類に関する事項その他の申請に必要な情報の提供に努める必要があります。
⑧　行政庁は、申請者の求めに応じ、その申請に係る審査の進行状況や申請に対する処分の時期の見通しを示すように努める必要があります。

Q47 行政事件訴訟法は、どのように利用するのですか

1 行政事件訴訟法とは

　行政事件訴訟法とは、①抗告訴訟、②当事者訴訟、③民衆訴訟、④機関訴訟の4種類の行政機関に関する訴訟について規定した法律をいいます。特に重要なのは、①抗告訴訟で、例えば、許認可申請に対する拒否処分の取消訴訟、行政文書の非公開処分の取消訴訟があります。公務員の違法な行為の是正を求めるには、刑事告発、行政不服審査法にもとづく不服申立（審査請求や異議申立）、国家賠償請求訴訟、公務員の懲戒の請求などがありますが、公務員の違法な行政処分に対しては最終的にはその処分の取消訴訟が必要となります。取消訴訟で公務員の個人責任を直接に追及することはできませんが、訴訟の中の証人尋問などで事実上の責任追及を行うことができます。

　行政事件訴訟法第7条では、「行政事件訴訟に関し、この法律に定めがない事項については、民事訴訟の例による」と規定していますから、訴訟の手続は、通常の民事訴訟と同様の手続で進められます。

　行政事件訴訟法に規定する①抗告訴訟、②当事者訴訟、③民衆訴訟、④機関訴訟とは、次のような訴訟をいいます。①抗告訴訟については、2に詳述します。

(1) 抗告訴訟とは、行政庁の公権力の行使に関する不服の訴訟をいいます。例えば、前述した(a)許認可申請に対する拒否処分の取消訴訟、(b)行政文書の非公開処分の取消訴訟があります。行政庁とは、行政主体（自治体や国）のために意思決定を行う権限を有する自治体の長・教育委員会、大臣などの行政機関をいいます。公権力の行使とは、行政庁の行為で直接に国民の権利義務を形成する権限の行使をいいます。

(2) 当事者訴訟とは、①当事者間の法律関係を確認または形成する処分または裁決に関する訴訟で法令の規定によりその法律関係の当事者の一方を被告とするもの（例えば、土地の収用委員会の行う権利取得裁決に不服がある者が起業者（収用に伴う事業を行う者）を被告とする場合）と、②公法上の法律関係に関する確認の訴えその他の公法上の法律関係に関する訴訟（例えば、公務員の免職処分の無効を前提とする退職手当支払請求訴訟）をいいます。本書のテーマには関係しません。

(3) 民衆訴訟とは、自治体や国の機関の法規に適合しない行為の是正を求める訴訟で、選挙人たる資格その他の自己の法律上の利益にかかわらない資格で提起する訴訟をいいます。例えば、地方自治法に規定する住民訴訟や公職選挙法に規定する選挙の効力に関する訴訟があります。

(4) 機関訴訟とは、自治体や国の機関相互間における権限の存否またはその行使に関する紛争についての訴訟をいいます。本書のテーマには関係しません。

2　申請に対する拒否処分を争う訴訟

(1) 申請に対する拒否処分を争う訴訟（行政庁の公権力の行使に関する不服の訴訟）を抗告訴訟といいますが、抗告訴訟には次の類型があります（行政事件訴訟法第3条）。

> ① 処分の取消の訴え
> ② 裁決の取消の訴え
> ③ 無効等確認の訴え
> ④ 不作為の違法確認の訴え
> ⑤ 義務付けの訴え
> ⑥ 差し止めの訴え

① 処分の取消の訴えとは、行政庁の処分その他公権力の行使に当たる行為の取消を求める訴訟をいいます。例えば、行政文書の非公開処分の取消訴訟、自治体の施設の使用許可申請に対する不許可処分の取消訴訟があります。

② 裁決の取消の訴えとは、審査請求、異議申立その他の不服申立に対する行政庁の裁決、決定その他の行為の取消を求める訴訟をいいます。裁決とは、行政不服審査法の審査請求に対する行政機関の処分をいい、決定とは、異議申立に対する処分をいいます。

③ 無効等確認の訴えとは、行政庁の処分もしくは裁決・決定の存否またはその効力の有無の確認を求める訴訟をいいます。

④ 不作為の違法確認の訴えとは、行政庁が法令にもとづく申請に対して相当の期間内に何らかの処分または裁決・決定をすべきであるにもかかわらず、これをしないことについての違法の確認を求める訴訟をいいます。例えば、法令に基づく許可申請に対して申請を放置したままにして何らの処分をしない場合に訴えを提起します。

⑤ 義務付けの訴えとは、次の(a)または(b)の場合に行政庁がその処分または裁決・決定をすべき旨を命ずることを求める訴訟をいいます。

　(a) 行政庁が一定の処分をすべきであるにもかかわらず、これがなされないとき（例えば、工場からの違法な排水に対して操業停止命令を行うべき場合に行政庁が規制権限を行使しないとき）

　(b) 行政庁に対し一定の処分または裁決・決定を求める旨の法令にもとづく申請または審査請求・異議申立がなされた場合において、その行政庁が処分または裁決・決定をすべきであるにもかかわらず、これがなされないとき（例えば、法令にもとづく許可申請に対して行政庁が処分をすべき場合に処分をしないとき）

　　　　義務付けの訴えの(b)の場合は、単独では提起できず、申請に対する不作為の違法確認訴訟、申請拒否処分に対する取消訴訟または無効等確認訴訟のいずれかと併合して提起することとされています。
　⑥　差し止めの訴えとは、行政庁が一定の処分または裁決・決定をすべきでないにもかかわらず、これがなされようとしている場合において、行政庁がその処分または裁決・決定をしてはならない旨を命ずることを求める訴訟をいいます。例えば、違法な行政処分が明白に予見でき、かつ違法な処分が差し迫っていて事前に差し止めなければ私人が回復困難な損害を受けるような場合に訴えを提起します。
(2)　申請に対する拒否処分を争う手段には、①行政不服審査法による不服申立（審査請求または異議申立）と、②行政事件訴訟による抗告訴訟とがありますが、申請者は、原則として、いずれの制度も自由に選択することができますし、両制度を利用することもできます。このことについて行政事件訴訟法は次のように規定しています。

行政事件訴訟法第8条
①　処分の取消の訴えは、当該処分につき法令の規定により審査請求をすることができる場合においても、直ちに提起することを妨げない。ただし、法律に当該処分についての審査請求に対する裁決を経た後でなければ処分の取消の訴えを提起することができない旨の定めのあるときは、この限りでない。
②　前項ただし書の場合においても、次の各号の一に該当するときは、裁決を経ないで、処分の取消の訴えを提起することができる。
　一　審査請求があった日から3箇月を経過しても裁決がないとき。
　二　処分、処分の執行又は手続の続行により生ずる著しい損害

> を避けるため緊急の必要があるとき。
> 　三　その他裁決を経ないことにつき正当な理由があるとき。
> ③　第1項本文の場合において、当該処分につき審査請求がされているときは、裁判所は、その審査請求に対する裁決があるまで（審査請求があった日から3箇月を経過しても裁決がないときは、その期間を経過するまで）、訴訟手続を中止することができる。

① 　上の審査請求には異議申立も含まれ、裁決には決定も含まれます。

② 　行政事件訴訟法第8条第1項ただし書の例としては、生活保護申請の拒否処分については審査請求に対する裁決を経た後でなければ拒否処分の取消訴訟を提起できないとしています（生活保護法第69条）。

③ 　行政事件訴訟法第8条第3項の規定を適用させないためには、取消訴訟を提起する場合は行政不服審査法による審査請求や異議申立をしないことが大切です。審査請求や異議申立をしている場合は、それを取り下げます。

④ 　取消訴訟は、処分や裁決・決定があったことを知った日から6カ月以内に提起する必要があります。処分や裁決・決定を知らなかった場合も正当な理由がある場合を除き1年を経過すると取消訴訟を提起できません（行政事件訴訟法第14条）。

⑤ 　取消訴訟の被告は、処分や裁決・決定をした行政庁の属する自治体や国となります（旧法は行政庁を被告としていた）。ただ、この場合の自治体を代表する者は、自治体の長とは限らず、行政庁によって異なっています。例えば、監査委員の処分については被告は自治体ですが、代表者は代表監査委員となります。教育委員会の場合は被告は自治体ですが、代表者は教育委員会となります。

Q48
自治体の提言制度は、どのように利用するのですか

1 自治体の提言制度とは

　自治体の提言制度とは、各都道府県や市町村で作っている知事や市町村長に対する住民の提言、意見、苦情などを聞く制度をいいます。自治体の提言制度の名称は、各自治体によって異なりますが、例えば、「知事への手紙」「市長への提言」のような名称を付けて運用をしています。自治体の長に提出する住民の提言、意見、苦情、照会などの提出方法は、一般に①郵便による方法、②自治体のホームページに書き込む方法、③電話による方法、④ＦＡＸ送信による方法のいずれも利用することができるようにしています。

　公務員の個人責任を追及する法として自治体の提言制度を利用する場合は、公務員の違法または不当な行為について自治体の長に照会をして文書による回答を求めます。回答期限は、すぐに分かるような簡単な事案は1週間程度とし、調査を要する事案はその内容に応じて2週間とか1カ月のように相当の期間を指定することとします。

　自治体の提言制度を利用する方法の最大のメリットは、自治体の長の名義の公文書で回答を得られることにあります。公文書で得た回答書は、将来、訴訟を提起する場合、告訴・告発をする場合、住民監査請求や住民訴訟をする場合などの有力な証拠書類（書証）となります。

　自治体の提言制度を利用する場合、自治体の公務員は自治体に都合の悪い事実は隠しますし、具体的な回答をすることを避ける場合が多いのですが、回答書をよく検討して数回の照会を続けることが大切です。自治体の長としては、都合の悪い回答を避けたいところですが、法令や条例の根拠もないのに自分で作った提言制度ですから、恣意的に運用して住民の反発を誘発することは避けたいのです。従って、照会に対する回答拒否は、通

常は見られません。

2　自治体の提言制度の利用の実務

　自治体の提言制度の名称は、例えば、「市長への提言」「知事への手紙」のような名称が付けられていますが、その利用方法は同様です。ただ、「○○への提言」という名称の付されている場合は、まず、最初に公務員の違法または不当な行為の改善を「提言」した後、次に、その行為（問題点）について具体的に照会することとします。

　次のような書式で提出するのが便利です。

市長への提言

　　　　　　　　　　　　　　　　　　　　　平成○年○月○日
○市長　　○○○○　殿
　　　　　　　　　　〒000-0000　○県○市○町○丁目○番○号
　　　　　　　　　　　　　　　○○○○　（印）
　　　　　　　　　（電話000-000-0000　FAX000-000-0000）

　　　　　　　　　　　○○○○について

　標記について、下記第1の通り提言をする。下記第2の通り照会をするので、本書到達日の翌日から起算して1週間以内に回答書を発送されたい。回答期限までに回答書を発送することができない場合は、回答書発送予定日を上記の電話又はＦＡＸへ連絡されたい。
　　　　　　　　　　　　　　　記
第1　提言
　　1　　　　　（内容省略）
　　2　　　　　（内容省略）
第2　照会事項

```
1        （内容省略）
2        （内容省略）
（中略）
9        （内容省略）
以上
```

再度の照会をする場合の書式例は次の通りです。

```
           知事への手紙（再度の照会）
                              平成○年○月○日
○県知事    ○○○○   殿
                〒000-0000   ○県○市○町○丁目○番○号
                              ○○○○   （印）
               （電話 000-000-0000   FAX000-000-0000）


 平成○年○月○日付「知事への手紙」の回答内容についての照会

  標記について、下記の通り再度の照会をするので、本書到達日の
 翌日から起算して１週間以内に回答書を発送されたい。回答期限ま
 でに回答書を発送することができない場合は、回答書発送予定日を
 上記の電話又はＦＡＸへ連絡されたい。
                    記
1  貴殿の平成○年○月○日付「知事への手紙」の回答書によると
「……」と述べているが、「……」という意味か。
                （以下省略）
以上
```

　①　公務員の個人責任を追及する場合は、必ず公務員個人の氏名（氏名不詳の場合は課名その他の個人を特定できる情報）を記載する

必要があります。抽象的な照会では回答ができないので、具体的な事実を指摘する必要があります。

② 　自治体の提言制度を利用せずに、知事や市町村長に対して「請願書」や「陳情書」を提出する方法もありますが、これらについては具体的な回答義務を規定した法令の規定がないので、自治体にとって都合の悪い回答はしないことから、回答を制度化している自治体の提言制度を利用するのが便利です。ただ、請願法第5条は、「この法律に適合する請願は、官公署において、これを受理し誠実に処理しなければならない」と公務員の誠実処理義務を規定していますから、公務員に誠実な処理を求めることはできます。自治体の長に提出する場合は「陳情書」の名称は使用しないことです。「陳情書」には、請願法のような法的根拠がないからです。

巻末資料●

巻末資料1　訴状記載例1・国家賠償請求訴訟

訴　　状

平成○年○月○日

○○簡易裁判所　御中

　　　　　　　　　　　　　　　　原告　　○○○○（印）

　　〒000-0000　○県○市○町○丁目○番○号（送達場所）
　　　　　　原告　　　○○○○
　　　　　　　（電話000-000-0000）

　　〒000-0000　○県○市○町○丁目○番○号　○市役所
　　　　　　被告　　○市
　　　　　　　　代表者○市長　　○○○○

国家賠償請求事件
　　訴訟物の価額　　金10万円
　　貼用印紙額　　　金1,000円

第1　請求の趣旨
　1　被告は、原告に対し、金10万円及びこれに対する本件訴状送達の日の翌日から支払済みまで年5分の割合による金員を支払え。
　2　訴訟費用は被告の負担とする。

第2　請求の原因
　1　原告は、○県○市に住所を有する者であり、かつ、原告作成の平成○年○月○日付陳情書「○市議会における陳情書の処理

について」、同日付陳情書「〇市議会における一般質問の回数制限を元に戻すことについての陳情」、同月〇日付陳情書「〇市保護課職員の生活保護申請者に対する対応等について」の３件の陳情書を平成〇年〇月定例〇市議会の開会日である平成〇年〇月〇日の前に提出した者である。

　被告は、原告の提出した各陳情書を〇市議会会議規則第〇〇〇条及び地方自治法第 109 条第３項の各規定に違反して故意に恣意的に本件陳情書３件を請願書の例により処理しなかった〇市議会議長Ａらの属する普通地方公共団体である。

2　原告は、平成〇年〇月定例〇市議会の開会日である平成〇年〇月〇日の前に〇市議会の議長あてに、原告作成の①平成〇年〇月〇日付陳情書「〇市議会における陳情書の処理について（陳情）」（甲第１号証）、②同日付陳情書「〇市議会における一般質問の回数制限を元に戻すことについての陳情」（甲第２号証）、③同月〇日付陳情書「〇市保護課職員の生活保護申請者に対する対応等について」（甲第３号証）の３件の陳情書を提出したが、被告の市議会の議長Ａらは、〇市議会会議規則第〇条及び地方自治法第 109 条第３項の規定に違反して故意に恣意的に本件陳情書３件を請願書の例により処理しなかった違法行為をなしたのである（甲第６号証）。被告の公務員の本件不法行為により原告は、自己の作成し提出した各陳情書の審査を受ける権利を侵害され、甚大な精神的苦痛を受けたのである。

3　〇市議会会議規則第〇条には、「議長は、陳情書又はこれに類するもので、その内容が請願に適合するものは、請願書の例により処理するものとする」と規定されているにもかかわらず、被告の市議会の議長Ａらは、故意に恣意的に〇市議会会議規則第〇条の規定に違反して〇市議会における陳情書の処理を「請願書の例により処理する」ことをしなかったのである（甲第６号証）。被告の市議会の議長Ａらのなした行為は、〇市議会会議規則第

○条の規定に違反する行為であり、原告の陳情書を○市議会会議規則第○条の規定により「請願書の例により処理」されることを求める権利を侵害したものである。

4　地方自治法第109条第3項では、「常任委員会は、その部門に属する当該普通地方公共団体の事務に関する調査を行い、議案、陳情等を審査する」と規定して、常任委員会は、「陳情等」を審査する旨の明文の規定を置いているのである。この場合の「陳情等」とは、陳情及び陳情類似の要望ないし意見書のようなものを指し、請願は、「議案」に含まれるのである。被告の市議会の議長Aらは、故意に恣意的に地方自治法第109条第3項の規定に違反して○市議会における陳情書の処理を委員会にも付託せず（甲第6号証）、原告の陳情書を地方自治法第109条第3項の規定により委員会において「陳情等を審査する」ことを求める権利を侵害したものである。

5　○県議会会議規則第○条でも、陳情書の処理について○市議会会議規則第○条の規定と全く同文で規定されているが、○県議会においては、当然に陳情書についても「請願書の例により処理」をしているのである（甲第7号証ないし甲第9号証）。被告の市議会の議長Aらは、○県議会の場合と同様に○市議会会議規則第○条の規定に従って陳情書についても「請願書の例により処理」をする必要があるのである。被告の市議会の議長Aらは、○市議会会議規則第○条の明文の規定や地方自治法第109条第3項の規定に違反して陳情書の処理について「請願書の例により処理」することを廃止することはできないのである。

　○県議会の場合は、○県議会会議規則第○条の規定（○市議会会議規則と同文の規定）に従って請願書と陳情書を同様に処理しているので、平成○年2月以降の各定例会で審査された請願書と陳情書の合計13件の中で請願書は1件しかないのであり、大多数が陳情書で審査を受けているのである。

6　被告の市議会の議長Ａらは、その職権を濫用して原告から提出された陳情書３件について〇市議会会議規則第〇条及び地方自治法第109条第３項の各規定に従って「請願書の例により処理する」必要があることを知りながら、故意に恣意的に原告の陳情書の内容についての審査を受ける権利を侵害し、各陳情書に対する議員の審査の結果を知る権利を妨害して、原告に対して甚大な精神的苦痛を与えたのである。被告の市議会の議長Ａらの不法行為により原告の受けた精神的損害は、金銭に換算すると金10万円を下らない。
　7　よって、原告は、被告に対し、国家賠償法第１条第１項の規定に基づき請求の趣旨記載の金員の支払いを求める。

証拠方法

1　甲第１号証　原告の提出した平成〇年〇月〇日付陳情書「〇市議会における陳情書の処理について（陳情）」の控え
2　甲第２号証　原告の提出した平成〇年〇月〇日付陳情書「〇市議会における一般質問の回数制限を元に戻すことについての陳情」の控え
3　甲第３号証　原告の提出した平成〇年〇月〇日付陳情書「〇市保護課職員の生活保護申請者に対する対応等について」の控え
4　甲第４号証　〇市議会会議規則の第〇条の条文の記載された文書写し
5　甲第５号証　〇県議会会議規則の第〇条の条文の記載された文書写し
6　甲第６号証　原告の提出した本件各陳情書を〇市議会会議規則第〇条に違反して委員会で審査しなかった事実を証する「保有個人情報開示決定通知書」
7　甲第７号証　〇県議会では陳情書を委員会に付託していること

		を証する書面（平成○年2月・6月・9月の各定例会分）
8	甲第8号証	○県議会では陳情書を委員会に付託していることを証する平成○年○月○県議会定例会議事録の38頁及び39頁並びに当該陳情を付託した委員会の会議資料
9	甲第9号証	○県議会では陳情書を「請願書の例により」同様に処理をしていることを証する「請願・陳情調書」写し（付託番号第17－7及び付託番号第17－8）

　　　　　　　　　　附属書類

1	訴状副本	1通
2	甲号証写し	各2通

以上

> # 巻末資料2　訴状記載例2・国家賠償請求訴訟

訴　　状

平成○年○月○日

○○簡易裁判所　御中

原告　　○○○○　（印）

〒000-0000　○県○郡○町大字○○1234番地（送達場所）
原告　　○○○○
（電話 0000-00-0000）

〒000-0000　○県○郡○町大字○○987番地　○町役場
被告　　○町
代表者○町長　　○○○○

国家賠償請求事件
　訴訟物の価額　　金10万円
　貼用印紙額　　　金1,000円

第1　請求の趣旨
　1　被告は、原告に対し、金10万円及びこれに対する本件訴状送達の日の翌日から支払済みまで年5分の割合による金員を支払え。
　2　訴訟費用は被告の負担とする。

第2　請求の原因
　1　原告は、○町議会議員であり、かつ、地方自治法第112条に規定する議員の議案提出権に基づき○町議会議員A、同Bとと

もに○町情報公開条例の制定の議案及び○町個人情報保護条例の一部改正の議案を提出した者である。

　被告は、原告の議案提出権に基づき提出された○町情報公開条例の制定の議案及び○町個人情報保護条例の一部改正の議案の各文書の受け取りを拒否し同議案の審議を拒否した○町議会議長Xの属する普通地方公共団体である。

2　原告は、○町議会議員A、同Bとともに○町情報公開条例の制定議案及び○町個人情報保護条例の一部改正議案の提出者となり、同議会議員Aが代表して平成○年○月○日午前9時10分頃に地方自治法第112条の規定に基づいて○町情報公開条例の制定議案及び○町個人情報保護条例の一部改正議案を同議会議長あてに提出した。同日は同議会議長Xが不在であったため共同提出者の同議会議員Aが町議会事務局長Yに対して両議案の文書をX議長に渡してくれるように依頼した。ところが、翌日○月○日午前9時20分頃、同議会のY議会事務局長から同議会議員Aに対して「X議長から情報公開条例制定議案と個人情報保護条例の一部改正議案の各文書をA議員に返還するようにとの指示があった。」と言って無理やり同議会議員Aに返還させてX議長は両議案の文書の受け取りを拒否したのである。その後、議案提出者のA議員は、再度、同日午後0時25分頃の昼休み時間にX議長に直接手渡した。

　議案の共同提出者のA議員は、翌日の○月○日にX議長に対して提出議案の文書の受領を確認するために電話をしたところ、X議長はA議員に対して「わしは、絶対に受け取らんぞ」と言って提出した両議案の文書の受領拒否の意思を明確に示したのである。その後、X議長は、議会のY事務局長に議案提出者のA議員に対して両議案の文書を返還させたので、現在、両議案は、A議員が保管している。このX議長の提出議案の文書の受領拒否の行為は、地方自治法第112条の規定に違反する議員の

議案提出権を侵害する明白な不法行為である。
3　地方自治法第112条の規定では、普通地方公共団体の議会の議員は、議会の議決すべき事件につき、議員の定数の12分の1以上の賛成を得て文書を以て議案の提出をすることができる旨を規定しているのである。〇町議会の場合は、議員定数は14名であるので、本件〇町情報公開条例の制定議案及び〇町個人情報保護条例の一部改正議案は3名の議員の賛成を得て適法に両議案が提出されていたのである。然るに、X議長は、適法な議案提出であることを知りながら、故意に恣意的に提出議案の文書の受領を拒否し両議案の審議を拒否したのである。X議長の本件提出議案文書の受領拒否・審議拒否行為は、原告の地方自治法第112条の規定により認められた議員の議案提出権を違法に侵害する行為に該当し、国家賠償法第1条第1項に規定する公務員の不法行為に該当するものである。
4　被告の議会の議長Xは、その職権を濫用して原告の地方自治法第112条に規定する議員の議案提出権を違法に侵害し、原告の議案提出権の行使を違法に妨害したのであり、被告の議会の議長Xの恣意的な違法行為により、原告は、多大の精神的苦痛を受けたのであって、この精神的損害は金銭に換算すると金10万円を下らない。
5　よって、原告は、被告に対し、国家賠償法第1条第1項の規定に基づき請求の趣旨記載の金員の支払いを求める。

証拠方法

1　甲第1号証　平成〇年〇月〇日に提出した〇町情報公開条例の制定議案の文書（X議長が受取拒否をした議案の文書）
2　甲第2号証　平成〇年〇月〇日に提出した〇町個人情報保護公開条例の一部改正議案の文書（X議長が受取拒否

をした議案の文書)
3　甲第3号証　〇町議会事務局職員作成の平成〇年〇月〇日現在の〇町議会議員の名簿（議員の定数は14名）
4　甲第4号証　議案提出者A議員の陳述書

附属書類

1　訴状副本　　　1通
2　甲号証写し　　各2通
以上

巻末資料３　訴状記載例３・住民訴訟

　　　　　　　　　　　　訴　　　状

　　　　　　　　　　　　　　　　　　　平成○年○月○日
○○地方裁判所　御中

　　　　　　　　　　　　　　　　原告　　　○○○○（印）

　　　〒000-0000　○県○市○町○丁目○番○号（送達場所）
　　　　原告　　　　○○○○
　　　　　　　（電話 000-000-0000）

　　　〒000-0000　○県○市○町○丁目○番○号　○市役所
　　　　被告　　　○市長　　　○○○○

損害賠償請求事件（住民訴訟）
　　訴訟物の価額　　算定不能
　　貼用印紙額　　　金 13,000 円

第１　請求の趣旨
　１　被告○市長は、Ａに対し、金 52,201,305 円及びこれに対する本
　　件訴状送達の日の翌日から支払済みに至るまで年５分の割合に
　　よる金員を支払うよう請求せよ。
　２　訴訟費用は被告の負担とする。

第２　請求の原因
　１　当事者等
　　(1)　原告は、○県○市の住民であり、本件住民訴訟に係る住民

監査請求を行った者である。
 (2) 被告は、○県○市の市長である。
 (3) 原告が被告に対し、本件住民訴訟において怠る事実による損害賠償請求を求める相手方は、本件住民訴訟の提起時点において○市長の職にあるＡである。損害賠償請求を求める相手方Ａ（以下「請求の相手方」という。）は本件怠る事実のあった期間中、○市長の地位にあった者である。
2 ○市所有地（普通財産）に係る違法な市有財産の管理を怠る事実
 (1) ○市○町523番の宅地（1,919.83平方メートル）及び同町522番の宅地（757.16平方メートル）の両土地（合計2,676.99平方メートル）は、いずれも○市の所有地（普通財産）であるが、請求の相手方は、○市Ｘ漁業協同組合（以下「Ｘ漁協」という。）に対して「○市市有財産の交換、譲与、無償貸付等に関する条例」（甲第1号証）、「○市公有財産事務取扱規則」（甲第2号証）等の規定に違反して、両土地を無償で使用させて、適正な○市市有財産の管理を怠り、○市に対して土地賃貸料相当額の損害を与えているのである。
 (2) Ｘ漁協に無償で使用させている○市○町523番の宅地及び同町522番の宅地の両○市所有土地の使用状況の現況は、次の通りである。
  ① ○市○町523番の宅地の北東部分にはガソリンスタンドを経営するＹ商事株式会社（本店は○市○町○丁目○番○号）所有として所有権保存登記がなされている建物（床面積1階195.44平方メートル、2階18.75平方メートルの鉄骨造鋼板葺2階建て）が存在し、Ｙ商事株式会社は不特定多数の消費者を対象としてガソリン等を販売したり、洗車等の営業を行っているのである。その他の部分は、Ｘ漁協が駐車場を経営して同漁協が利益を上げているのである。

　　　　本件土地のガソリンスタンドは、平成〇年〇月〇日付のB新聞記事(甲第3号証)及び同日付のC新聞記事(甲第4号証)によると、1987年に開設しガソリンスタンドの営業に制限はなく、一般人の自動車も給油をしており、X漁協はガソリンスタンドを経営するY商事株式会社から年間約500万円の「業務提供費」を受け取っていることが平成〇年〇月〇日にX漁協の内部資料で分かったと報道しているのである。平成〇年〇月〇日付のD新聞記事でも同様の趣旨の報道がなされているのである（甲第5号証）。〇市がX漁協に無償で使用させていた本件宅地に、Y商事株式会社は、〇市との間に土地使用に関する契約もなく、同社が本件宅地を使用する権利を有しないにもかかわらず同社を建築主とする建築確認申請書を〇市の建築主事に提出して前記建築物を建築し（甲第6号証）、同社は、昭和〇年〇月〇日に当該建物を新築したとして同年〇月〇日に〇市所有地上の当該建物の所有権保存登記をしているのである（甲第7号証）。

　　② 〇市〇町522番の宅地の南西部分にはX漁協の倉庫が存在し、その他の部分はX漁協が駐車場として使用しているのである。

(3) 〇市〇町523番の宅地及び同町522番の宅地は、甲第8号証（登記所の公図）記載の通り土地が続いているが、この両土地上の建築物の敷地を除く〇市所有の宅地において、X漁協は、駐車場の経営をして利益を上げているのである。平成〇年〇月〇日付のB新聞記事（甲第3号証）によると、「市有地には漁協直営の駐車場もあり、年約400万円の売り上げを上げているという。」と報道しているのである。営利を目的としたX漁協の駐車場の経営のために〇市所有土地を無償で使用させることはできないのである。

　　① まず、〇市公有財産事務取扱規則（甲第2号証）第28条

では、「①普通財産の貸付けに対しては、相当の貸付料を徴収する。②普通財産の貸付料は毎月又は毎年定期に納入させなければならない。」と規定しているのである。更に、同規則第29条第4号には、「貸付け普通財産を他に転貸してはならないこと。」と規定しているのである。

② 次に、○市市有財産の交換、譲与、無償貸付等に関する条例（甲第1号証）第4条では、普通財産を無償又は時価よりも低い価額で貸し付けることができる場合は、「他の地方公共団体その他公共団体または公共的団体において、公共用または公益事業の用に供するとき」と「地震、火災、水害等の災害により普通財産の貸付けを受けた者が当該財産を使用の目的に供しがたいと認めるとき」に限定されているのである。

　従って、本件訴訟に係る宅地（普通財産2筆、甲第9号証）は、これらの「○市公有財産事務取扱規則」及び「○市市有財産の交換、譲与、無償貸付等に関する条例」の各規定によっても、X漁協に無償で使用させることはできないのである。

(4) 請求の相手方は、平成○年○月○日に初めて○市長に就任したが、請求の相手方が初めて本件○市所有土地の無償使用を承認したのは、平成○年○月○日からの使用に係る承認であるので、原告が被告に対し、本件住民訴訟において怠る事実による損害賠償請求をする請求の相手方が責任を有する期間に限定するものであるが、本件住民訴訟においては、地方自治法第236条第1項の規定により被告が請求の相手方に請求することができる消滅時効にかからない過去5年分の貸付料に限定するものである。

(5) 請求の相手方は、上述した通り、公共用でもなく公益事業でもないのに貴重な○市所有財産である宅地（2筆合計2,676.99平

方メートル）を営利を目的としたＸ漁協の経営する駐車場や営利を目的としたガソリンスタンド経営会社に使用させ、Ｘ漁協に利益を上げさせて、〇市に対して本件土地の賃貸料相当額の損害を与えたのである。〇市所有の本件土地（普通財産）の賃貸料相当額は、〇市管財課で用いている普通財産貸付料の算定式で計算すると、「路線価1平方メートル当たりの価額×面積×3％＝貸付料（賃貸料）年額」で計算されるので、本件宅地の場合には、路線価130,000円×面積2,676.99平方メートル×3％×5年分＝52,201,305円となるのである（甲第10号証及び甲第11号証）。

(6) 請求の相手方は、上述した通り、本件土地について「〇市公有財産事務取扱規則」（甲第2号証）第28条の規定に従って貸付料を徴収する義務があるにもかかわらず、〇市所有財産の適正な管理を怠り、〇市に対して請求の趣旨記載の金額の損害を与えたのであるから、その損害を賠償する責任があるのである。請求の相手方は、普通地方公共団体の長の職にある者であり、普通地方公共団体の長は、地方自治法第138条の2の規定により、当該普通地方公共団体の条例、規則、規程等に基づく事務を自らの判断と責任において、誠実に管理し及び実行する義務を負うこととされているのである。本件の場合の請求の相手方は、地方自治法第138条の2に規定する普通地方公共団体の長の負う誠実執行義務に違反し、〇市に対して損害を与えたのであるから、本件被告〇市長は、請求の相手方に対し、金52,201,305円及びこれに対する本件訴状送達の日の翌日から支払済みに至るまで年5分の割合による金員を支払うよう請求する必要がある。

3 住民監査請求

原告は、平成〇年〇月〇日に〇市監査委員に対し、本件怠る事実について地方自治法第242条第1項の規定に基づく住民監査請求を行ったところ（甲第12号証）、同年〇月〇日付で〇市監査委員は原告に

対して、本件住民監査請求を棄却する旨の通知を行った（甲第13号証）。

4　結論

よって、請求の相手方は、○市に対して請求の趣旨記載の金員の損害賠償をする責任があるところ、原告は、被告に対し、地方自治法第242条の2第1項第4号の規定に基づき、請求の相手方に請求の趣旨記載の金員の支払いを請求するよう求める。

証拠方法

1　甲第1号証　○市市有財産の交換、譲与、無償貸付等に関する条例写し
2　甲第2号証　○市公有財産事務取扱規則写し
3　甲第3号証　平成○年○月○日付のB新聞の記事写し
4　甲第4号証　平成○年○月○日付のC新聞の記事写し
5　甲第5号証　平成○年○月○日付のD新聞の記事写し
6　甲第6号証　Y商事株式会社所有の建物の建築計画概要書（台帳）写し
7　甲第7号証　Y商事株式会社所有の建物の全部事項証明書
8　甲第8号証　本件宅地に係る登記所の公図
9　甲第9号証　本件宅地に係る登記所の全部事項証明書
10　甲第10号証　本件宅地に係る路線価に関する「路線価図」写し
11　甲第11号証　平成16年度普通財産貸付料算定書（参考例）写し
12　甲第12号証　住民監査請求書控え
13　甲第13号証　住民監査請求に対する監査結果通知書

附属書類

1　訴状副本　　　1通
2　甲号証写し　　各2通

以上

巻末資料４　告訴状記載例

告　訴　状

平成〇年〇月〇日

〇県〇〇警察署長　殿

　　　　告訴人（住所）　〇県〇郡〇町大字〇〇 123 番地 4
　　　　　　　（氏名）　　　　　　　　　Ａ　（印）
　　　　　　　（職業）　　農業
　　　　　　　　　（電話 0000-00-0000）

被告訴人の表示　　氏名不詳（〇県〇町職員。平成〇年〇月当時の
　　　　　　　　　国土調査の地籍調査の担当職員）

第１　告訴の趣旨
　上記の被告訴人には、下記第２の告訴事実記載の通り、刑法第 159 条第１項（有印私文書偽造罪）及び刑法第 161 条第１項（偽造有印私文書行使罪）の各犯罪を犯したと疑うに足りる相当の事由があると思料するので、当該被告訴人の厳重な処罰を求めるため告訴をする。

第２　告訴事実
　１　上記の被告訴人（〇県〇町の平成〇年〇月当時の国土調査の地籍調査の担当職員）は、平成〇年〇月頃、〇町が実施した国土調査法に基づく地籍調査の筆界確認の公務を執行するに際して、現地調査の立ち会いもしていない本件告訴人Ａが立ち会いをしたかのように「地籍調査票」の「立会人署名」欄に署名・押印をして偽造し、偽造した「地籍調査票」を行使して〇町字

○○地区の地籍図原図（地図）及び地籍簿を作成して○県知事に提出したのである（立証方法1ないし6）。
2　上記の被告訴人が偽造し及び行使した「地籍調査票」は、本件告訴人が○町個人情報保護条例に基づいて開示請求をして、平成○年○月○日に写しの交付を受けたものである。上記の被告訴人が偽造し及び行使した「地籍調査票」は、次の通りである（立証方法1ないし6）。
　(1)　○町字○○7553番の地籍調査票には、現地調査の立会人署名欄に虚偽の「B代筆A」と作成名義人を記載し虚偽の作成年月日を記載して虚偽の押印をしている。
　(2)　○町字○○7553番1の地籍調査票には、現地調査の立会人署名欄に虚偽の「B代筆A」と作成名義人を記載し虚偽の作成年月日を記載して虚偽の押印をしている。
　(3)　○町字○○7553番2の地籍調査票には、現地調査の立会人署名欄に虚偽の「B代筆A」と作成名義人を記載し虚偽の作成年月日を記載して虚偽の押印をしている。
　(4)　○町字○○7554番1の地籍調査票には、現地調査の立会人署名欄に虚偽の「B代筆A」と作成名義人を記載し虚偽の作成年月日を記載して虚偽の押印をしている。
　(5)　○町字○○7554番2の地籍調査票には、現地調査の立会人署名欄に虚偽の「代筆B、A」と作成名義人を記載し虚偽の作成年月日を記載して虚偽の押印をしている。
　(6)　○町字○○7553番の「共有者氏名表」には、BとAの氏名を記載したうえ、Bの欄には虚偽の印鑑を押印し、Aの欄には虚偽の拇印を押印して偽造をしている。
3　立証方法1ないし6の証拠書類から明白なように、上記の被告訴人には、上記の告訴事実記載の通り、刑法第159条第1項（有印私文書偽造罪）及び刑法第161条第1項（偽造有印私文書行使罪）の各犯罪を犯したと疑うに足りる相当の事由があると

思料するので、当該被告訴人の厳重な処罰を求めるため告訴をするものである。

第3　立証方法
1　○町字○○ 7553 番の地籍調査票
2　○町字○○ 7553 番 1 の地籍調査票
3　○町字○○ 7553 番 2 の地籍調査票
4　○町字○○ 7554 番 1 の地籍調査票
5　○町字○○ 7554 番 2 の地籍調査票
6　○町字○○ 7553 番の共有者氏名表

第4　添付書類
上記立証方法の 1 ないし 6 の写し　　　　　　各 1 通

第5　参考事情
1　上記第 2 記載の各土地は○○中学校校舎の近隣土地であって、かつ、所有者であるＢが昭和 52 年（1977 年）頃、○町に○○中学校運動場用地として賃貸していたが、○町職員は、当該土地を賃借中の昭和 52 年 8 月 20 日に賃借していた土地の一部が国有地であると偽って、偽った土地の用途廃止申請書を○県知事に提出し、Ｂ所有地を騙し取ることを計画し実行したのである。
2　上記 1 の○町長から○県知事あての用途廃止申請書には、今回と同様に次の○町職員の偽造した書面及び内容虚偽の公文書を添付していたのである。
　①　用途廃止対象水路が存在するかのように虚偽の水路を実際に存在する水路図面に書き加えて 2 本の水路が存在するかのように偽った○町職員作成の水路図面
　②　用途廃止承諾書用紙にＢと偽って記載し虚偽の印鑑を押印

して○町職員の偽造した用途廃止承諾書
　③　境界確認協議書用紙にBと偽って記載し虚偽の印鑑を押印して○町職員の偽造した境界確認協議書
　④　同意書用紙にBと偽って記載し虚偽の印鑑を押印して○町職員の偽造した同意書
3　上記2記載の○町職員の偽造した書面及び内容虚偽の公文書によって、本件告訴人の配偶者は多年にわたる訴訟を継続する必要に迫られ、多大の精神的苦痛を受けたうえ、訴訟費用などの多大の経済的負担も強いられてきたのである。結局、「筆界不明の誤判決」が確定したので、今回の国土調査法に基づく地籍調査には、多大の期待をもって実施時期が到来するのを待っていたのである。そのような重要な国土調査の地籍調査において、最も重要な「現地調査」の筆界確認の立会いを所有者自身に行なわせず、○町職員は、最も重要な「地籍調査票」を偽造していたのである。

以上

[著者略歴]

矢野　輝雄（やの　てるお）

　1960年、NHK（日本放送協会）入局。番組編成、番組制作、著作権、工業所有権のライセンス契約などを担当。元NHKマネージング・ディレクター。元NHK文化センター講師。現在、矢野行政書士社会保険労務士事務所長、市民オンブズ香川・事務局長

　主な著書：「ひとりでできる行政監視マニュアル」「絶対に訴えてやる！」「＜逮捕・起訴＞対策ガイド」「欠陥住宅被害・対応マニュアル」「行政監視・本人訴訟マニュアル」「自動車事故・対応マニュアル」「定年からの生活マニュアル」「欠陥住宅をつかまない法」（以上、緑風出版）、「わかりやすい特許ライセンス契約の実務」「そこが知りたい！知的財産権」（以上、オーム社）、「あなたのための法律相談＜相続・遺言＞」「あなたのための法律相談＜離婚＞」（以上、新水社）、「市民オンブズ活動と議員のための行政法」（公人の友社）、「家裁利用術」（リベルタ出版）ほか

　連絡先　矢野事務所　電話087-834-3808／FAX 087-835-1405

公務員の個人責任を追及する法

2006年4月15日　初版第1刷発行　　　　　定価2000円＋税

著　者　　矢野輝雄 ©

発行者　　高須次郎

発行所　　緑風出版

〒113-0033　東京都文京区本郷2-17-5　ツイン壱岐坂
〔電話〕03-3812-9420〔FAX〕03-3812-7262
〔E-mail〕info@ryokufu.com
〔URL〕http://www.ryokufu.com
〔郵便振替〕00100-9-30776

装　幀　　堀内朝彦
写　植　　R企画　　　　　印　刷　モリモト印刷・巣鴨美術印刷
製　本　　トキワ製本所　　用　紙　大宝紙業

〈検印・廃止〉落丁・乱丁はお取り替えいたします。　　　　　　　E2,000

本書の無断複写（コピー）は著作権法上の例外を除き禁じられています。なお、複写など著作物の利用などのお問い合わせは日本出版著作権協会（03-3812--9424）までお願いいたします。
ISBN4-8461-0610-1　C0032　　　　　　　　　©Teruo Yano, 2006 Printed in Japan

JPCA 日本出版著作権協会
http://www.e-jpca.com/

＊本書は日本出版著作権協会（JPCA）が委託管理する著作物です。
　本書の無断複写などは著作権法上での例外を除き禁じられています。複写（コピー）・複製、その他著作物の利用については事前に日本出版著作権協会（電話 03-3812-9424, e-mail:info@e-jpca.com）の許諾を得てください。

◎緑風出版の本

■全国のどの書店でもご購入いただけます。
■店頭にない場合は、なるべく書店を通じてご注文ください。
■表示価格には消費税が加算されます。

欠陥住宅をつかまない法
宮武正基・矢野輝雄 著
A5判並製 一九六頁 1900円

耐震強度偽装問題は、益々広がりをみせている。では、欠陥住宅をつかまないためにはどうすればよいのか？本書は、一戸建て、建売、マンションなど、それぞれのチェックの仕方や見方を見本付きで丁寧に解説している。

欠陥住宅被害・対応マニュアル
宮武正基・矢野輝雄 著
A5判並製 一七六頁 1900円

欠陥住宅に泣く人は後を絶たない。その上、原因究明や解決となると、時間や費用がかかり、極めて困難だ。本書は一級建築士らが、建築の素人である一般市民でも闘えるように、業者に対抗する知識とノウハウを解説する。

ひとりでできる行政監視マニュアル
矢野輝雄 著
A5判並製 二六〇頁 2200円

税金の無駄遣いの監視などは、各自治体の監査委員や議会がすべきだが、「眠る議会と死んだ監査委員」といわれ、何も監視しない状況が続いている。本書は、市民がひとりでもできるように、丁寧に様々な監視手法を説明している。

絶対に訴えてやる！
訴えるための知識とノウハウ
矢野輝雄 著
A5判並製 一八八頁 1900円

「絶対に訴えてやる！」と思った時一人で裁判にもちこむことも可能。本書は、民事訴訟、家事事件や告訴、告発までの必要な理論と書式、手続をわかりやすく解説すると共に、マニュアルとしてそのまま利用可能。手許に置くべき一冊だ。

「逮捕・起訴」対策ガイド
市民のための刑事手続法入門
矢野輝雄 著
A5判並製 二〇八頁 2000円

万一、あなたや家族が犯人扱いされたり、犯人となってしまった場合、どうすればよいのか？本書はそういう人たちのために、逮捕から起訴、そして裁判から万一の服役までで刑事手続法の一切を、あなたの立場に立って易しく解説